KB155791

관찰의 현상학

생활세계를 포착하기 위한 질적연구방법

조현영 저

박영story

시각문화, 생활세계, 그리고
그것의 관찰 가능성

백문이 불여일견! 시각의 등극

현대 사회는 스펙터클의 사회다. 디지털 매체들은 영상을 사람들의 경험을 지배하는 권좌에 올려놓았다. 대선을 앞둔 후보자들 간의 치열한 각축전, 대통령 탄핵 과정, 법정에 나온 한 개인의 사생활 문제, 심지어는 방송으로 실시간 보도되는 국지전 전개과정도 대중들에게는 관전 포인트의 대상이 되었다. 스펙터클의 사회는 전쟁마저도 생방송을 통해 중계하도록 만든다. 1991년, 전설적인 종군기자 피터 아넷(Peter Arnett)을 필두로 한 케이블 뉴스채널 CNN의 취재팀은 미사일이 빗발치는 바그다드 시내 한복판에서 미군의 폭격이 시작됐음을 알리는 단독 생방송을 시작하였다.

CNN은 걸프 전쟁 발발을 바그다드에서 생중계함으로써 거대 미디어 산업으로 성장할 수 있었다.

케이블 티브이나 유튜브 등 디지털 매체에서 쏟아져 나오는 영상물은 사람들의 경험을 모조리 시각화한다. 여기에서는 먹방, 인강, 맛, 냄새, 연인들 사이의 미묘한 감정까지도 시각화하여 보여준다. 시각화된 감각은 다시 우리의 감각이 되어 이후 우리의 행동과 경험에 반영된다. 시각 매체가 우리 삶 깊숙이 자리잡기 시작하면서 사람들은 그들이 경험하는 모든 것을 관찰 가능한 것으로 둔갑시키고 있다.

본다는 것이 오늘날 가장 중요한 감각기능이 된 것은 역사적으로 그리 머지않은 이야기다. 감각의 역사에 관한 연구에서 마크 스미스(Smith, M)에 따르면 전 근대사회에서는 지금만큼 시각을 우리가 생각하고 판단하고 살아가는 데 있어서 우위에 두지 않았다. 그는 서양에서 인쇄기술과 원근법의 발달로 귀가 눈에게 가장 중요한 정보 수집원으로서의 역할을 내주었다고 보았다. 중세시대까지만 해도 이야기와 청각이 지식과 정보를 만들어내고 공유하는 얼마나 중요한 기능이었는지는 쉽사리 짐작할 수 있다. 이반 일리치에 따르면 중세 수도사들이 온 몸을 사용해서 중얼거리며 입말로 책을 읽었다면 그 이후 사람들은 눈으로 책을 읽게 되었다. 우리에겐 눈으로 쓰윽 책을 읽는 것이 너무나 익숙한 일이지만, 당시에는 그것이 '마법'이라고 표현할 정도의 일이었다. 그에 따르면 수행하는 현자는 기본적으로 필기자가 아니라 구술자였다. 그만큼 이전의 사회는 글보다 말을 더 신뢰하는 사회였다.

자연에 대한 관찰 가능성과 자연과학의 발달

　과학은 합리적인 탐구과정과 논리적인 증명을 기반으로 지식을 발전시켜 나간다. 자연과학은 자연을 기호화하고 수리적 체계로 다루도록 함으로써 지식을 발전시킬 수 있었다. 한편 그 이면에는 사회과학뿐만 아니라 자연과학에 있어서도 관찰이 가장 근본적인 연구방법이어야 한다는 사실이 자리잡고 있었다. 사회든 자연이든 체계적인 탐구를 위해서는 대상 세계에 대한 추상적 개념에서 벗어나 자세한 관찰과 기록이 가능해야만 하기 때문이다.

　과학학자들에 따르면 근대 자연과학과 같이 객관적인 지식이 성립 발전하게 된 배경에는 가장 근본적인 연구방법으로 관찰을 받아들이기 시작했다는 점을 들고 있다. 17세기 중반 보일의 법칙에서 보일은 에어 펌프

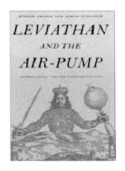

라는 장치를 고안해 일반인들로 하여금 자신의 가설이 관찰 가능하다는 믿음을 심어주었다. 이 사건으로 시작된 로버트 보일과 철학자 홉스 간의 논쟁은 사유보다 관찰이 우위에 있다는 새로운 패러다임을 세계에 예고하게 된다. 사실상 그 이전까지 자연과학은 철학과 구분이 되지 않았다.

　현대의 수많은 테크놀로지나 기법들뿐만 아니라 새로운 개념의 설정은 근본적으로는 자연의 상태를 관찰 가능한 상태로 조정하기 위한 장치라 할 수 있다. 근대의학의 성립 역시, 다른 감각, 촉각이나 청각을 뒤로 물러나게 하고 의료적 경험들을 시각화함으로써 가능할 수 있었다. 내과의사들은 환자의 안색, 피부색, 피와 소변의 색깔, 그리고 시각적 단서 같은 외

견상의 징후를 통해 환자의 상태를 예측하기도 한다. 또한 환자의 인체 내부를 들여다보고 촬영하는 기술의 발달 역시 관찰을 기반으로 한 진단 방식이다. 이처럼 시각자료에의 의존도가 높아짐에 따라 의사의 전문성은 더욱 사회적 지위를 부여받을 수 있게 되었으나 의사와 환자 간의 직접적 상호작용은 그만큼 낮아질 가능성을 내포하게 되었다.

본다는 것과 보여진다는 것의 의미

일찍이 인류학 분야는 문명화된 서구의 눈으로 비서구권의 '미개' 촌락을 들여다 보는 전통이 있었다. 인류학자들은 본다는 것과 보여진다는 것의 의미를 통제와 관리의 주체와 그 주체에 의해 '길들여지는' 객체 간의 권력적 관계로 보기도 하였다. 존 버거(Berger, J)는 그의 저서를 통해 동물원

우리에 갇힌 동물을 구경하는 현대인들이 어떻게 동물을 타자화시키는지를 보여주었다. 그에 따르면 봄(seeing)은 타자만 규정하는 것이 아니라 자기 자신을 규정

하는 행위이기도 하다. 인간은 동물원의 동물을 보면서 인간이 동물과 얼마나 다른 존재인지를 끊임없이 규정하고자 하며 이를 통해 인간 중심 세계관의 이데올로기를 재생산하게 된다.

현대의 성찰적인 인류학자들은 본다는 것은 상대를 객체화시킨다는 것을 의미하며 객체화시킨다는 것은 그들을 주체의 의도에 맞게 재단하는 과정이라고 보았다. 그들은 과연 자신들의 관찰 연구가 그들을 있는 그대로 보고 기록하여 보고하고 있는가에 질문을 던지면서 소위 포스트모던 시대의 '재현의 위기'에 관해 일깨우기도 한다.

인류학자 마가렛 미드는 1936~1938년, 그레고리 베이트슨(Gregory Bateson)과 함께 『발리사람들의 성격』(Balinese Character)을 통해 사진 기록이 어떻게 사회과학 연구에서 중요한 데이터로 활용될 수 있는지 보여주었다. 마가렛 미드에 의하면, 과학적인 데이터는 지속적으로, 다양한 학문에서 접근 가능하도록 체계적으로 수집된 것이어야 하며, 이렇게 수집된 자료들은 정확성과 중립성을 제공하는 자료이기 때문에 인류학은 인문학으로 간주될 수 있다고 보았다. 마가렛 미드는 발리 현지에서 아이들의 성격 형성에 대한 연구를 위해 약 25,000장의 사진을 촬영하였다. 베이트슨과 미드는 중립적인 기록으로 수집된 데이터는 다큐멘터리 기록과는 다르다는 점을 강조하였다. 규범을 통해 설정된 프레임에 맞춰 그들의 행동을 기록에 담기보다는 일상의 평범하고도 예기치 않게 일어나는 일들을 기록하고자 하였다는 점을 강조하였다.

인간의 마음도 관찰 가능한가?

사회과학은 자연과학과는 달리 의미를 탐구하는 학문이다. 자연과학에서 탐구하는 원자는 연구자와 어떤 관계를 갖지 않는 반면, 사회과학에서 탐구하는 인간은 연구자 자신과 의미상으로 볼 때 어떤 식으로든 연관성을 갖는다는 점에서 탐구 대상의 성격이 다르다. 사람들은 애초에 이미 해석된 상호주관적 세계로 던져지며 이를 의심하지 않고 당연히 주어진 세계로 받아들이며 살아간다는 점이다. 따라서 현상학적인 문제의식에서 출발한 연구자들은 일상을 텍스트로 하여 자세한 관찰과 분석이 당연시된 세계에 대한 새로운 해석을 도와줄 수 있을 것이라고 보았다.

현상학은 "현상으로 돌아가라!"라는 지상명령에 따라 현상에 대한 질문을 추구하는 학문이다. 현상학은 존재론적인 물음을 추구하던 과거의 철학과 달리 생활세계에 대한 관찰을 통해 그 해답을 구할 수 있다고 보았다. 현상학자들은 사람들이 생각하고 행동하며 다른 사람과 상호작용하고 의미를 구성하는 경험이 생활세계 내에서의 존재 방식에 의해 영향을 받는다고 생각하였다. 그들은 생활세계를 사람들이 그 안에서 보고 듣고 판단하며 경험을 해 나가는 '소우주'라고 보았다.

지각의 현상학으로 널리 알려진 메를로 퐁티(M, Ponty)에 따르면 우리의 세계는 자신을 보여주는 장소이다. 그는 우리가 사물을 보는 것이 아니라 사물이 나를 이용해서 자신을 보여준다고 보았다. "보는 자는 그가 보고 있는 것에서 포착되기 때문에 그가 보는 것은 바로 그 자신이다. 즉, 모든 봄(seeing)에는 근본적으로 나르시시즘이 있다." 내가 보는 것은 대상이기도 하고 그 사물이 나를 통해 자신을 드러낸다는 것을 의미한다. 그의 말대로라면 나를 둘러싼 일상은 세계가 그 자신을 보여주는 생생한 현장이자 텍스트이다.

현상학에서 영향을 받은 사회학자 해롤드 가핑클(Garfinkel, H)은 생활세계가 별난 지식이나 경험으로 이루어진 세계가 아니라 '평범함'을 보여주는 일상의 면모를 띠고 있으며 따라서 관찰의 대상이 될 수 있다고 보았다. 이러한 현상학자들은 '일상성'이 낯선 것에 익숙해지다 보니 생긴 사람들의 태도와 습관이 아니라 생활세계가 가지고 있는 특징에서 비롯된 것이라고 보았다.

한편, 현상학적 질문이란 학문적 물음이 아니라 일상의 관찰에 관한 물음이다. 사실상 생활세계 안에서 육안으로 볼 수 있는 현상들은 사회적으로 두툼하게 입혀진 의미들에 의해 각색되어 있기 때문이다. 이러한 현상은 대체로 참여자들의 의미 대상과 환경, 그리고 그들이 만들어내는 발화나 제스처 등으로 구체화되어 나타난다.

민속방법론이라 불리는 미시사회학자들은 사람들이 관여하고 있는 어떠한 질서든 그것들은 '평범함'(ordinariness)의 모습을 띠고 있으며 일상의 언어(natural language)로 표현가능하며 따라서 참여자들에게 관찰 가능하다는 점을 연구의 출발점으로 삼았다. 그들에게 생활세계는 일상성과 평범함을 특징으로 하는 만큼 참여 관찰이 가능하다고 생각하였다. 생활세계의 어떠한 질서도 간주관성, 즉 남과의 공유가능성을 전제로 성립하는 이상 그 어떤 사람들의 경험도 관찰 가능할 것이라고 보았다. 그들은 말로 형용할 수 없는 차원의 지식, 예를 들어 외과의 현미경 수술, 주술사의 주술, 장인의 암묵적인 기예 등과 같은 암묵적 지식들 또한 관찰이 가능하고 따라서 이를 분석, 재검토할 수 있다고 보았다. 이들 세계 어디에도 생활세계는 있다는 것이다.

민속방법론자들은 말을 둘러싼 행위들이 만들어내는 복잡한 과정을 엄밀하게 전사 기록하는 체계적인 방법을 만들어내기도 하였다. 담화분석(conversation analysis)이라는 장르를 개척한 민속방법론자 하비 색스

(Sacks, H)는 사회과학이 관찰과 기록이라는 연구 방법을 통해 분자생물학이 그랬던 것처럼 인간의 사회적 행위에 대한 체계적이고 과학적인 탐구의 길을 열어 줄 것이라고 믿었다.

마음은 한 개인 내면 깊숙이에서 뿜어져 나오는 의도나 동기, 생각 그리고 정서 나아가 영혼까지 포괄하는 상태를 일컫는다. 남의 마음은 사적인 영역이기 때문에 남의 마음을 있는 그대로 본다는 것은 사실상 불가능하다. 그러나 사람들의 마음에는 사적인 영역만 존재하지는 않는다. 때론 사람들의 마음은 공적인 영역에 의해 한없이 열려 있기도 하다. 이러한 측면은 사람들이 어떻게 공감을 하고, 공감을 구하기도 하는지를 통해 엿볼 수 있다. 사람들은 자신들의 사적인 경험을 끊임없이 집단의 이야기를 통해 각색하여 받아들이고 표현한다. 따라서 그들의 행위방식은 동일한 처지에 놓여 있거나 같은 상황에 참여하고 있는 타인들에 의해 엿보일 수도 있다.

사회학자 어빙 고프만(Goffman, I)은 이러한 개인의 영역을 설명하기 위해 현대 사회를 연극 무대에 비유하기도 하였다. 현대인들의 정체성이 어떻게 정교하게 연출된 자아의 모습으로 드러나는지 보여주고자 한 것이다. 고프만에게 있어서 개인의 내면적인 정체성은 연출된 모습과 본질적으로 다르지 않고, 따라서 관찰 가능한 것이었다.

우리의 시선은 언제나 선택적이다. 어떤 장면을 어떤 프레임으로 어떻게 선택하였는가에 따라 어떤 모습은 가시화되기도 하고 또 어떤 다른 모습은 비가시화되기도 한다. 예를 들어, 레스토랑에서 식사를 하면서 수다를 떠는 친구들 사이에서 그 옆에서 서빙하는 웨이터의 존재는 비가시적으로 경험된다. 어떤 한 장면이 주의의 초점이 되어 전면 영역으로 드러나는 순간 그 상황에 있는 다른 국면들은 그를 둘러싼 후면 영역이 되어 우리 관심 뒤로 물러서게 된다. 어느 한 지점에 시선을 집중하고 다른 부분을 흘려 보내는 자연스러운 태도 덕분에 우리는 효율적으로 일상의 삶에 임할 수 있다. 고프만은 현대인의 선택적 응시의 태도를 가리켜 문명화된 사회에서 살아가는 데 필요한 최고의 기술이라고 말하고, 이를 시민적 무관심(civil attention)이라고 불렀다.

가핑클은 현대인들이 겪고 있는 다양한 문제들은 우리가 너무나 많은 것들을 알고 있기 때문이라고 보았다. 일어난 일에 충분히 천착해서 보기보다는 자신이 생각한 선입견이나 기대에 따라 보는 경향이 많기 때문이다. 쉽게 말하면 온갖 매체에서 쏟아 내는 정보의 홍수에 가려져 선입견이나 지레짐작에 사로잡혀 주변의 현상을 주목하여 유심히 관찰하는 데 게을러진 현대인들의 습관을 지적한 것이다. 현대인들이 겪고 있는 과잉성찰성, 사회적으로 부유하는 지나치게 많은 전문적이고 파편화된 정보들에 의해 무차별적으로 노출되어 오히려 선택과 결정의 장애를 겪을 수밖에 없다. 현상을 있는 그대로 보기가 쉽지 않다는 점을 꼬집어 이야기한 것이다.

시각적 자료 수집과 분석: 시간의 관찰

현상을 있는 그대로 보기 어려운 까닭은 철학자 바우만(Bauman)이 지적한대로 우리를 둘러싼 일상이 일정한 모양 없이 끊임없이 유동하는 액체적인 속성이라는 점 때문이다. 우리가 경험하는 많은 현상들은 공간적 점유보다는 시간적 경과에 따라 모양을 갖춘다. 예를 들어, 말은 우리 경험에 어느 무엇보다도 실재감 있게 영향을 준다. 그러나 그것은 일정한 공간을 점하지도 않고 모양새를 갖추고 있지도 않다. 단지, 시간 속에서 실현되고 또 시간 속으로 사라진다.

마찬가지로 우리의 많은 경험은 공간적 배치의 모양새를 띠기도 하지만 시간적 흐름의 양태를 보여주기도 한다. 예를 들어, 조직은 조직의 위계와 역할의 배치와 같이 공간적 모습을 띠고 있지만 다른 한편으로는 조직 구성원들이 상호작용하는 과정의 흐름을 의미하기도 한다. 서비스 업종에서 흔히 일의 효율성과 서비스의 질은 서비스 종사자의 일 순서의 흐름에 의해 영향을 받는다. 대기 시간을 최소화하는 것이 핵심 관건인 서비스 영역에서는 순서의 흐름을 최적화하는 것에 많은 관심을 두기도 한다.

관찰은 시간의 흐름을 포착하기 위한 연구방법으로 사용하는 만큼 거기에 투입되는 장비나 테크놀로지 또한 관찰되는 내용에 영향을 미치기도 한다. 최근에는 디지털 비디오 자료를 통해 좀 더 정교하고 미시적인 관찰 기록과 전사 자료가 관찰 분석에 효과적으로 활용됨에 따라 관찰 연구의 지평은 더욱 확장되고 있다.

따라서 최근 자연스러운 일상의 현장에 대한 세밀한 관찰과 해석을 요구하는 영역이 많아지고 있다. 예를 들어, 교육에서는 모델의 설계나 실험실 연구를 통해서 보다 일상의 장면에서 세밀한 관찰을 통해 학습의 과정을 밝혀낼 수 있다고 보았다. 또한 일터 연구에서는 전문가의 역량이 맥락적으로 작동한다는 점으로 인해 전문가가 일하는 실제 맥락을 자세히 들여다 봄(seeing)으로써 역량에 관해 이해와 통찰을 얻을 수 있다고 보았다.

각 영역에서 성공한 사람에게 한 가지 공통된 비결이 있다면 자신이 하고 있는 일에 대한 세심한 관찰에서 시작된다는 점이다. 그들은 그들이 하고 있는 일이나 그들이 제작하는 물건에서 무엇이 부족한지 무엇이 필요한지 직접 볼 수 있게 됨에 따라 새로운 가치를 창출해 낼 수 있다. 창의성의 핵심 요소인 직관의 통찰 역시 그 개념 그대로 직관(直觀), 즉 대상을 직접 봄으로써 비롯된다. 우리가 궁금해하는 많은 것들은 의외로 일상에서 발견가능하다. 하늘 아래 새로운 것을 발견한다기보다는 이미 일상에서 늘상 보았으되 크게 주목할 필요가 없어서 당연시했던 부분들에서 찾을 수 있는 것이다.

우리는 이미 사물이나 현장을 있는 그대로만 보는 것이 아니라 이상적인 상태와 더불어 보고 있다. 이렇듯 관찰은 지금껏 우리가 놓쳐온 일상의 익숙함을 새롭게 볼 수 있도록 해주는 창의성의 원천이다. 현상학적 사회학의 미시분석 방법으로서 관찰의 활용은 우리가 살아가면서 만나게 되는 수많은 문제 상황들에 참신한 해결책을 제시해 줄 수 있을 것이다. 본고에서는 우리가 관찰을 통해 어떻게 현상을 새롭게 관찰하고 해석할 수 있는지에 대하여 현상학적 사회학의 관찰 분석 방법인 '민속방법론(ethnomethodology)'에 기대어 다양한 사례들을 보여줄 것이다. 제시되는 사례들은 운동의 상황, 친구와의 대화 상황, 요리 상황, 지하철에서 줄을 서는 상황과 같이 그야말로 우리 일상에 너무나 평범한 상황들이다. 이러한 평범한 상황들이 어떻게 성찰의 주제가 될 수 있으며 어떠한 의미로 다시 해석되는지를 살펴보는 것은 이 책을 읽어가는 방법이자 재미가 될 것이다.

이 책에 소개한 사례와 정리한 내용은 몇 년 동안 수업에서 만난 학부생들, 대학원생들과 함께 크고 작은 스터디를 하면서 함께 고민한 결과이다. 관찰 분석의 방법으로서 민속방법론의 사례 연구가 영미권의 연구와 비교하였을 때 국내에서는 매우 부족하다는 점은 이 책을 집필하게 된 가장 큰 이유이다. 박사 이후 연구를 진행하면서 익숙한 일상을 낯설게 보는 직업들은 현상을 이해하고 문제를 해결하기 위한 매우 기초적인 안목과 시선을 키우는 방법이 될 수 있을 것이라는 생각을 하게 되었다. 또한 미시적 관할과 분석의 연습은 연구 방법으로 뿐만 아니라 일상을 살아가는 삶에 태도와 자세를 변하게 만들 수도 있다고 생각했다. 그래서 나의 후배들에게도 이러한 현상에 대한 접근 방법을 소개해 주고 싶었다. 뿐만 아니라 매우 실용적인 목적으로는 미시적 관찰 연구를 시작하고자 하는 사람들에게 실제적인 연구의 지평을 보여 주고 싶었다. 부디 나의 소망이 그들에게 잘 닿을 수 있길 바라본다.

함께 고민해준 학부생과 대학원생들은 이 책에 소개된 다양한 사례들을 관찰하고 수집해 주었으며 함께 치열하게 분석해주었다. 또한 책을 수정하고 탈고하기까지 함께 고생해준 대학원생들 역시 이 책이 지금의 모습으로 진화될 수 있도록 도와주었다. 그리고 무엇보다도 민속방법론의 세계로 나를 이끌어주시고 언제나 내 연구의 길잡이가 되어주시는 지도교수님 역시 이 책이 완성되도록 해주신 매우 고마운 분이다. 아울러 항상 각자의 자리에서 열심히 살아가고 있는 우리 가족들의 조용한 응원에 마음 깊이 감사의 뜻을 전한다.

2019년 3월

조현영 씀

차 례

1 ··· 공공성에 대한 재해석:
지하철과 엘리베이터의 질서와 규칙

규칙과 질서의 생성에 관한 담론들

　일찍이 미국의 문화인류학자 에드워드 홀(Edward T. Hall)은 그의 문화인류학 4부작 중 하나인 『숨겨진 차원(The Hidden Dimension)』을 통해 사회적 공간과 개인적 공간에 대한 인간의 지각을 다루었다. 그는 서로 간에 유지하는 일련의 거리가 존재한다고 주장하며 이 일정 거리를 친밀한 거리, 개인적 거리, 사회적 거리, 그리고 공적인 거리로 분류하였다.

　먼저, 친밀한 거리는 0~46cm 내에 있는 사람들 간의 거리를 말하는데, 이것은 사랑을 나누고, 보호해주거나 혹은 맞붙어 싸우는 등의 행위가 일어나는 거리로 신체적 접촉이나 뒤엉킴의 가능성이 가장 높은 거리이다. 친밀한 거리에 존재하는 사람은 가족이나 친한 친구, 애인이나 부부 사이이다. 그러나 가족이라고 모두 이 거리 내에 들어올 수 있는 것은 아니다. 이곳은 자신의 모든 것을 개방하고 공유할 수 있을 정도의 친밀함과 신뢰를 가진 사람들에게만 열린 배타적 공간이다. 또한 친밀한 거리는 자기 방어를 위한 최소한의 사적인 공간이므로, 갑자기 이 영역을 침범하면 본능적으로 긴장감이나 공포감을 느낄 수 있기 때문에 이 거리를 함부로 침범해서는 안 된다.

두 번째로 개인적 거리는 약 46~122cm 내에 있는 사람들 간의 거리를 말하며, 친구들이나 상당히 가깝게 아는 사람과 마주치는 경우에 해당하는 전형적인 간격이다. 다소 밀접한 접근이 허용되기도 하지만, 이런 경우는 매우 제한적인 경우에만 가능하다. 개인적 거리에 존재하는 사람은 대개 가족과 친한 친구들, 직장 동료와 같이 카페나 식당에 앉아 사소한 이야기를 나누고 고민을 이야기할 수 있는 상대이다.

세 번째로 사회적 거리는 약 122~366cm 내에 있는 사람들 간의 거리를 말하며, 인터뷰와 같이 공식적인 상호작용 상황에서 유지되는 거리 영역이다. 사회적 거리에 있는 사람은 배달원이나 슈퍼 주인, 아니면 비개인적인 용무 등으로 일상의 삶에서 쉽게 만날 수 있는, 생존에 필요한 필요적 관계들이라고 할 수 있다. 이들과는 사적인 이야기는 거의 하지 않고 공적이고 필요에 의한 대화를 주로 나눈다.

마지막으로 공적인 거리는 약 366cm 이상 떨어진 곳에 있는 사람들 간의 거리를 말한다. 예를 들면, 위기의식을 느끼는 상대나 세미나나 대학 강의실 등과 같은 곳에 있는 사람들로, 대체로 직접적인 상호작용이 일어나지 않는 관계이다. 즉, 개인적으로 거의 알지 못하며 자신에게 영향력을 행사하지 못하는 대다수의 사람들이 이에 속한다. 무대 위의 공연자와 관객 간에 유지되는 거리가 또 다른 예일 것이다. 이렇게 거리를 네 가지로 나누어 분류하면서 에드워드 홀은 사람들이 서로를 어떻게 느끼는지가 사람들 간의 거리를 결정하는 데 있어 결정적인 요인으로 작용한다고 주장하였다.

에드워드 홀의 연구와 같이 인간의 삶을 범주화하고 설명하는 방식의 이론들은 삶을 이해하는 데 매우 유용하고 효율적인 도구가 되어준다. 삶의 다양성을 몇 개의 범주로 나누어 유목화하는 방식은 복잡한 인간의 삶의 방식을 단순화함으로써 처방이 필요한 현상들에 적절한 지침을 내리도록 돕는다. 그런데 이러한 연구들은 인간의 행위 방식이 가질 수 있는 예외적 상황들 혹은 변칙적 상황들에 대한 측면은 다루지 않는다.

최근 이러한 연구 결과에 새로운 시각을 던지는 재미있는 연구가 있다. 이 연구는 우측통행에 관한 보행자 모형(백승기, 2009)에 관한 연구인데, 이 연구에서는 상황에 따라서 '우측통행'이라는 정해진 보행규칙을 지키는 것이 오히려 질서유지에 방해가 된다고 주장한다. 일반적으로 공공장소에서 질서가 유지될 수 있는 것은 대부분의 사람들이 규칙을 준수하고 있기 때문이라고 생각하기 쉽다. 그런데 이 연구 결과에 따르면 보행자가 적은 상황에서는 우리가 평소에 가지고 있는 규칙을 준수하는 것이 질서 유지에 도움을 주지만 보행자가 많아지면 '우측통행'을 잘 지키는 사람들이 많을수록 오히려 길이 막히게 된다는 결과를 보여준다. 정해진 규칙을 따르지 않는 무법 보행자들이 어느 정도 있어야 길이 잘 통하게 된다는 것이다. 공공장소에서는 정해진 규칙을 따라야만 질서가 유지되고 효율적일 수 있다는 기존의 상식을 뒤엎는 재미있는 결과이다. 이러한 결과는 삶의 질서와 인간의 이해가 단순히 범주화되고 예측 가능한 이해의 방식 안에서만 존재하지 않는다는 또 다른 시각을 제시한다.

공적 영역에서의 질서와 규칙따름에 관한 연구는 어빙 고프먼에 의해서 심도있게 다루어졌다. 고프먼은 그의 연구를 통해 다양한 사회적 영역들을 관찰 분석하였다. 그는 사회적 영역이 직·간접 대면 상호작용으로 구성되며, 대면 상호작용은 의례 기제를 통해 개인에게는 자아를, 사회에는 도덕적 질서를 보장해준다고 보았다. 그는 사회가 사람들이 일상의 미시적 상호작용 상황에서 적절한 행동을 취하는 실행을 통해서 비로소 실재한다고 보았다. 사회제도와 사회조직도 구체적 상황에서 사람들의 실행을 통해 형성되고 실현된다는 것이다.

사람들의 실제 행동, 특히 타인들과 마주한 자리에서 주고받는 상호작용은 의례 규칙에 따라 이루어진다. 그렇지 않으면 상호작용의 질서는 교란되고 무너지게 된다. 개인의 자아도 상호작용 의례를 행하는 과정에서 형성되고 실현된다. 이때의 의례는 사회의 도덕적 질서를 보장하는 행위 규칙이며, 고프먼은 "아무리 사사롭고 세속적인 행동이라도 개인은 자기에게 특별히 소중한 대상 앞에서는 행동의 상징적 의미를 생각하고 행동 방식을 조절하기 때문에 의례라는 용어를 쓴다."라고 말한다. 즉, 상호작용에 참여한 사람들을 대하는 방식은 상황에서 형성되고 유지되는 의례 규칙의 지배를 받는다는 것이다.

이렇게 무수한 상호작용 상황으로 이루어지는 현대사회에서 고프먼은 개인의 자아 역시 상호작용 상황에서 형성되고 실현되는 것으로 보았다. 상황을 초월한 본질적 자아가 있다기보다는 구체적 상황에서 매 순간 형성되고 실현되는 상황적 자아들이 존재하는 것이다. 따라서 개인들은 상황에 따라 처세를 바꾸고 맥락에 따라 행동하게 된다고 보았다.

예컨대 그의 연구인 「정신이상 증상과 공공질서」에서 고프먼은 기존의 정신의학적 접근의 편향성을 비판하고 대안적 접근 방식을 제안한다. 그는 정신의학에서 정신이상의 진단은 정신병원과 정신과 진료상황의 편향성에서 비롯된다고 보았다. 즉, 상호작용 의례 규칙에 필요한 자원을 모두 박탈당한 상태에 놓인 환자들은 불가피하게 규칙위반 행동으로 반응할 수밖에 없다는 것이다. 따라서 환자들의 이상 행동은 일차적으로 개인이 속한 집단의 규칙위반 행동으로 볼 필요가 있다고 고프먼은 주장한다. 다시 말해서, 상황에 부적합한 행동을 의사소통의 병리적인 것이라 보고 그러한 행동을 하는 사람들 모두를 정신의학적으로 정신이상자라고 규정하지만 이는 실제 맥락에 대한 이해가 전혀 없는 판단이라는 것이다.

그는 사람들이 이미 부적절한 행동을 할 수밖에 없는 상황에 노출되어 있다면 상호작용의 대면 상황에서 민감하게 반응할 수밖에 없다는 점을 지적한다. 공공장소에서 이루어지는 인간들의 교류규칙이나 상황적 품행 규칙은 일종의 평화를 보장하기 위해 상호간 융화되는 모습을 연출하는 것이기 때문이다. 다시 말해서 고프먼은 규칙과 규칙 위반은 자리를 함께 한 사람들의 관계로 구성된 사회조직의 지침과 교란에 의한 것이라고 보았다.

우측통행에 관한 보행자 모형이나 고프만의 연구들은 질서와 규칙의 따름이 결코 정해진 규칙의 적용이 아닐 수 있음을 주장한다. 오히려 적절한 변칙과 융통성이 질서의 유지에 도움을 주게 된다는 새로운 가설을 제안하는 것이다. 여기에서는 이러한 연구들의 연장선상에서 규칙과 질서가 어떻게 맥락적으로 적용되는지, 그리고 그것이 어떻게 사회적 실재를 만들어가는지에 관하여 보여줄 것이다. 예를 들어, 에드워드 홀은 누군가가 친밀한 거리를 함부로 침범하면 공포감을 느낄 수 있다고 주장한다. 하지만 실제로 지하철에서 바로 옆자리에 모르는 사람이 앉아 친밀한 거리를 침해당해도 우리는 공포감이나 불쾌감을 크게 느끼지는 않는다. 또한 사람들은 공공장소에서 자리를 선택할 때 에드워드 홀이 분류한 거리들의 수치에 따라 선택하지 않으며 상황에 따라서 거리의 특성은 아무런 의미가 없게 되기도 한다.

따라서 여기에서는 공적 영역에서 규칙이 어떻게 존재하고 그 안에서 질서가 어떻게 유지되는지 보기 위해 우리가 일상에서 쉽게 접할 수 있는 공적 영역의 대표적인 장소인 지하철과 엘리베이터를 선정하여 분석하였다. 지하철과 엘리베이터는 불특정 다수가 모였다 흩어지는 것을 수차례 반복하는 매우 역동적인 장소이다. 탑승을 위한 줄은 빠르게 생겨났다가 사라지고, 언제나 새로운 사람들로 채워진다. 또한 익명성으로 가득한 그곳에서 사람들은 타인과의 거리를 적당히 유지해야만 하는 부담도 갖고 있다. 이러한 장소에서 사람들은 어떻게 질서를 만들고 유지하며 공적 영역으로서의 상황적 행위를 영위해 나가는지 살펴보겠다.

관찰의 상황과 자료의 수집

여기에서의 분석은 공공장소에서의 규칙 생성과 질서 유지의 맥락적 속성을 알아보는 것에 그 목적이 있다. 여기에서 선정한 두 가지 사례는 지하철 내부와 대학 고층 건물 1층의 엘리베이터 앞이다.

여기에서 지하철과 엘리베이터에서의 상황을 선정한 이유는 다음과 같다. 먼저 지하철의 경우, 보통 지하철 한 칸에 탑승해 있는 사람들은 계속해서 바뀐다. 그에 따라 끊임없이 새로운 상황들이 펼쳐지며 그 안의 질서를 유지하기 위해서는 끊임없는 변화에 관심과 노력을 기울여야 한다. 하지만 거의 모든 상황에서 우리는 그 새로움을 감지하지 않으며 특별한 노력이 필요하다고 생각하거나 다른 노력을 하고 있다고 느끼지 못한다. 이처럼, 지하철 안에서는 상황이 지속적으로 바뀜에 따라 질서가 다양한 양상으로 생겨나고 변화하고 있고 그러한 점에서 공공장소에서 일상적 질서가 유지되는 모습을 보기에 용이한 상황이라고 판단하였다. 이러한 점은 엘리베이터 상황에서도 유사하다. 엘리베이터에 탑승할 때 우리는 보통 별다른 문제상황 없이 질서있게 탑승한다. 이러한 상황은 대개 낯선 이들과 공유하고 있는 상황이기 때문에 어떠한 정해진 규칙도 없는 상황이다. 그럼에도 불구하고 사람들이 질서를 유지하고 규칙을 공유하면서 상황을 순조롭게 이어나가는 모습은 공적영역에서의 행위의 특성을 잘 보여 줄 것이다.

먼저 지하철 내부에서 질서가 유지되고 변화하는 상황의 분석은 주로 좌석에 앉은 사람들 간의 거리, 공적 거리의 유지를 위한 사람들의 행동방식들이다. 이러한 자료를 수집하기 위해서 연구자들은 직접 지하철에 탑승하였고 지하철 내부의 상황 변화를 관찰 및 촬영하고 이를 반복적으로 시청하며 상세히 기술하였다.

다음으로 엘리베이터 사례에서는 한 대학교의 15층짜리 건물 1층에서 엘리베이터를 기다리는 사람들의 행동을 보고자 한다. 엘리베이터 앞에서는 정해진 줄이 없어도 대부분의 사람들이 질서정연하게 탑승을 한다. 이때 사람들은 특별히 약속을 정하거나 질서를 유지하기 위해 노력하는 것처럼 보이지 않는다. 그럼에도 불구하고 질서가 유지될 수 있는 이유는 무엇일지 사람들의 행위 방식과 즉각적인 규칙의 생성과 공유 방식을 들여다보고자 하였다.

자료 수집을 위해 고려했던 점이 몇 가지 있다. 먼저 지하철의 경우, 출근 시간대와 같이 평소보다 승객이 많은 시간대에는 관찰이 용이하지 않아 사람들의 움직임이나 동선을 파악하기 어렵기 때문에 사람들의 이동 경로와 행위를 파악할 수 있는 적당한 승객수가 보장되는 노선과 시간대를 선택하는 것이 중요했다. 따라서 지하철 노선은 수도권 1호선과 7호선, 수인선을 선택하였으며 출퇴근 시간대와 주말을 피해 자료를 수집하였다. 반대로 엘리베이터의 경우는 해당 건물에서 학생들이 가장 붐비는 오전 8시부터 9시 사이에 이루어졌다. 해당 건물의 경우 15층 규모의 비교적 큰 건물임에도 불구하고 엘리베이터의 수가 부족하여 수업시작 전 엘리베이터 탑승에 상당한 시간이 소요되는 특성을 갖는다. 따라서 8시 근방의 이른 시간대에는 학교에 일찍 온 학생들이 자유롭게 엘리베이터 탑승을 대기하는 상황을 볼 수 있고 9시 근방에는 수업시간이 임박한 학생들이 긴 줄을 만들어 엘리베이터 탑승을 기다리는 다양한 상황을 포착할 수 있다. 이러한 맥락적 다양성은 규칙의 생성과 질서의 유지 방식을 포착할 수 있는 다양한 요인들을 보여줄 것으로 기대되었다.

공공장소에서 공적거리의 변화와 유지

[사례 1], [사례 2]에서는 지하철 내부에 설치된 좌석에 앉은 사람들 간

의 공적거리의 변화와 유지를 이해하기 위하여 사람들의 행위 방식을 자세히 살펴보았다. 지하철 좌석 한 줄은 7칸으로 구성되어 있고 그 길이는 약 3m 15cm이다. 한 칸의 길이는 약 45cm이다.

사례 3, 사례 4, 사례 5는 엘리베이터를 타기 위해 앞에서 기다리는 사람들 사이의 공적거리의 변화와 유지를 분석하였다. 60주년 기념관 1층 로비의 엘리베이터 공간의 가로 폭은 약 3m 20cm 정도이고 세로 폭은 약 4m 85cm 정도이다.

사례 1

5월 10일 8:56 a.m. 수인선 [오이도행] 인하대역 탑승 – 원인재역 하차

1	2	3	4	5	6	7
A						B

인하대역에서 원인재역까지의 지하철 내부 상황의 관찰이다. 좌석에 앉은 사람이 아무도 없는 전철이 인하대역에 도착한다. 문이 열리자 A가 핸드폰을 보며 첫 번째로 들어와서 1번에 착석한다. 뒤이어서 들어온 B는 7번에 착석한다. 즉, 1번과 7번, 양쪽 끝에 2명이 앉은 상황이다. A와 B는 다음 역에 정차하기까지의 약 3분 동안, 서로가 있는 방향을 쳐다보지 않는다. 또한 아무런 대화도 오고가지 않는 상황이다. A는 가방을 무릎 위에 올려놓고 핸드폰을 계속 보고 있으며, B는 다리를 꼬고 마찬가지로 핸드폰을 보고 있다.

A와 B는 5칸을 떨어져 앉았다. 이는 지하철 좌석 한 줄 내에서 생길 수

있는 거리 중, 가장 최대한의 거리이다. 두 사람은 탑승할 때도 따로 들어와서 각자 자리에 앉았고, 서로를 쳐다보지도 않고 대화 또한 전혀 나누지 않는 상황을 3분 이상 이어간다. 이 상황만을 보았을 때, A와 B는 친밀한 관계가 아닌 공적인 관계임을 알 수 있다. 에드워드 홀의 「근접학」이론에 따르면, 공적거리는 개인적으로 거의 알지 못하고 서로에게 영향력을 가지지 않는 대다수의 사람들이 가지는 거리이다. 이때 말하는 공적거리는 3m 15cm 이상이다. 그러나 이 상황에서 A와 B 사이의 공적거리는 5칸, 즉 약 2m 25cm이다. 따라서 위의 상황에서는 공적거리가 변화한 것이라고 볼 수 있다. 여기에서 주목할 점은 A와 B는 착석 후 서로가 있는 방향을 쳐다보거나 대화를 나누지 않은 채, 각자 핸드폰을 보는 행동만 한다는 점이다. 이러한 행동은 A와 B 사이의 거리가 3m 이내에 들어왔음에도 불구하고 공적 거리의 확보, 유지될 수 있도록 해주었다.

1	2	3	4	5	6	7
A			C			B

송도역에서 C가 들어와 4번 자리에 앉는다. 따라서 1, 4, 7번에 사람들이 착석한 상황이다. 새로운 C가 등장하였지만, A와 B는 고개를 들거나 C를 쳐다보지 않고 아까와 같은 자세로 핸드폰을 계속 본다. C는 자리에 착석하자마자 핸드폰 케이스를 열어 핸드폰을 보고, 마찬가지로 A와 B를 쳐다보거나, 고개를 움직이는 행동을 하지 않는다.

1번에 A, 4번에 C, 7번에 B가 앉음으로써 사람들 사이에 각각 2칸의 거리가 만들어진다. 이 두 칸씩의 거리는 마지막에 온 C가 양쪽의 사람들로부터 동일하게 둘 수 있는 최대한의 거리이다. 새로 등장한 C는 A, B 모두와 대화를 나누지 않고 의식하지 않는 것처럼 보이도록 행동한다. 따라서 A, B, C 모두 친밀한 관계가 아닌 공적인 관계임을 알 수 있다. 즉, A와 C, C와 B 사이의 거리는 물리적 거리와 상관없이 공적거리인 것이다. 이때 세 명 사이의 거리는 아까보다 좁아진 2칸, 약 90cm가 된다. 에드워드 홀의 공적거리는 3m 15cm 이상이고, 이전 상황에서 A와 B 사이의 공적거리는 약 2m 25cm이었다. 이 상황에서도 앞서 상황과 유사한 행위방식이 이어진다. A와 B는 새로 온 C를 고개를 들어 쳐다보지 않고 핸드폰을 보는 행동을 유지했으며, C도 자리에 앉자마자 핸드폰을 보기 시작하여 A와 B를 향해 고개를 돌리지 않는다. 서로에게 관심을 가지지 않는 것처럼 보이는 이러한 행동들을 계속함으로써 3명 사이의 공적거리는 유지될 수 있었다.

1	2	3	4	5	6	7
D			C			B

다음 역인 연수역에 도착할 때 즈음에 A가 쭉 피고 있었던 다리를 접더니 일어나서 하차한다. D가 탑승하여, A가 앉아있었던 1번에 착석한다. 이로써 이전 상황과 같이 1, 4, 7번에 사람들이 앉아있는 상황이다. D는 1번에 앉았기 때문에 C와의 거리가 2칸이 된다. C와 B는 새로 온 D를 쳐다보지 않고 각자 하고 있던 행동을 유지하고, D도 타인에게 시선을 두지 않고 가만히 앉아 있다. 그러다가

가방에서 책을 꺼내 읽기 시작한다.

D와 C의 관계 또한 어떠한 친밀한 행동을 보이지 않았으므로 공적인 관계일 것이다. 이때 앞선 상황에서의 C와 A의 거리와 같이 약 90cm 이내였음에도 전혀 대화를 나누지 않고 어떠한 관심을 보이는 행동이나 돌발행동을 하지 않음으로써 공적거리를 유지하였다.

1	2	3	4	5	6	7
D	E		C			B

열차는 마지막으로 원인재역에 도착한다. E가 탑승하여 D의 왼쪽(탑승자 기준으로)이자, C와 한 칸 떨어진 2번에 착석한다. 1, 2, 4, 7번에 사람들이 착석한 상태이다. 이때 E와 D는 바로 옆에 붙어 앉아 있다. D는 바로 옆에 사람이 와서 앉았음에도 책에서 시선을 떼지 않고 같은 자세를 유지한다. E는 정면으로 시선을 유지한 채로 가만히 앉아 있다.

E가 D의 바로 옆자리에 앉음으로써, 두 사람은 에드워드 홀의 '친밀한 거리'인 46cm 이내의 거리 안으로 들어왔다. 이 거리는 자신의 모든 것을 개방하고 공유할 수 있는 친밀함과 신뢰를 가진 사람들에게만 허용하는 거리이다. 하지만 D와 E는 책을 보고, 정면을 보는 행동만 할 뿐 서로에게 관심을 표현하는 행동을 전혀 하지 않는다. 이를 통해서 둘은 비록 물리적으로는 친밀한 거리를 공유하고 있지만 실제로는 공적관계를 유지할 수

있게 된다.

E는 약 1분 뒤에, 뒤로 메고 있던 가방을 앞으로 가져오는 행동을 한다. 이때 가방을 돌려서 가져오는 방향으로 D가 앉아있는 오른쪽을 선택한다. 이때 D는 아무런 행동 변화 없이 계속해서 책을 바라보고 있다.

E는 자신의 왼쪽에는 아무도 앉아있지 않았음에도 불구하고 바로 옆에 사람이 앉아있는 오른쪽으로 가방을 돌렸다. 앞서 둘의 행동을 통해 보았듯이, D와 E는 친밀한 관계가 아니다. 친밀하지 않은 상대인 E가 D에게 한 행동은 그에게 영향을 줄 수 있는 행동이다. 그러나 이 상황에서 D는 표정변화나 시선변화없이 이전과 같은 모습을 유지하였고, 이에 대해 제지하는 행동을 하지 않았다. E의 다소 불편할 수 있는 행동에도 D는 정서적 반발감을 드러내지 않는 것이다. 이러한 D와 E의 행동 방식은 공공장소에서 질서를 유지하기 위해 필요한 상호간의 태도를 잘 보여준다.

앞서 제시한 상황은 모두 새로운 상황에 따라 어떻게 새로운 질서가 생겨나는지를 잘 보여준다. 공적 거리와 사적 거리는 물리적 거리와는 무관하게 무심한 듯 적극적으로 행위자들로 하여금 조율되고 있었다. 심지어 정서적 반발이나 불편감을 줄 수 있는 상호 거리의 침범 상황에서도 시선을 피하거나 의도적으로 상대를 응시하지 않는 듯한 행위들을 통해 '나는 지금 당신의 영역을 침범하기 위한 행동이나 태도를 하지 않는 것'임을 보여주기 위한 세심한 방식들을 동원한다. 이러한 행동의 방식은 상호간의 정서적 합의 상태를 이끌어내고 이에 따라 사소한 행동이나 오해의 상황들을 유연하게 대처하도록 돕는다. 이처럼 어떠한 상황에서의 행동은 특수한 방식이나 정해져 있는 규칙에 따라 행해지지 않는다. 상황의 질서를 결정하고 유지되도록 만드는 것은 각각의 상황에 있는 당사자들이 암묵적으로 해당 상황을 특정 상황으로 유지 혹은 변화시키기 위한 상호작용 방식 여하에 따라 결정되고 있었다.

사례 2

5월 14일 3:30 p.m. 지하철 1호선 [소요산행] 주안역 탑승 – 온수역 하차

1	2	3	4	5	6	7
A	B					C

　　인천역에서 출발한 소요산행 열차를 주안역에서 탑승하여 관찰하였다. 맞은편 좌석 1번과 2번에 A와 B가 착석해있고, 7번에 C가 착석해있다. 이때 여자인 A가 남자인 B의 어깨에 기대어 있다. 그리고 이 둘은 팔짱을 끼고 손을 잡은 상태를 유지하고 있다. 몸의 방향은 서로를 향해 약간 틀어져 있고 계속해서 대화를 이어나간다. B와 C는 4칸 떨어진 상태다. C는 이어폰을 끼고 핸드폰을 계속 쳐다보고 있으며, B는 C쪽으로 시선을 돌리지 않고 계속해서 A와 대화를 나누고 있다.

　　A와 B는 바로 옆 칸에 앉아있었다. 이는 '친밀한 거리'인 46cm 이내의 거리에 있는 상황이다. A와 B는 어깨에 기대고, 손을 잡고, 서로를 쳐다보며 대화를 하는 행동들을 통해 친밀한 관계임을 확신시켰다. B는 C와 4칸 떨어진 약 180cm의 거리이다. 그러나 B와 C의 행동을 보면 아무런 대화

나 교류가 이루어지지 않고 있기 때문에 이들이 공적인 관계임을 알 수 있다. 이때의 거리는 물리적으로 에드워드 홀의 '공적거리'보다 가깝지만 여전히 실제적인 공적거리로, 이 상황에서도 이론적 차원의 공적거리가 적용되지 않고 있음을 알 수 있다. 또한 B는 A쪽을 향해 몸을 돌리고 있고, C는 핸드폰을 보는 행동을 통해서 서로가 사적 관계가 아님을 보여주고 있다.

1	2	3	4	5	6	7
A	B			D		C

오른쪽에서 D가 탑승했다. D는 C와 한 칸, B와 두 칸 떨어진 5번에 착석한다. D, C, B 모두 서로에게 시선을 돌리거나 대화를 나누지 않는 상태이다.

D는 왼쪽으로 45cm 거리에 C를 두고, 오른쪽으로는 90cm의 거리에 B를 두고 앉았다. 하지만 C, B 모두와 아무런 교류를 하지 않았기 때문에 관계를 형성했다고 보기 어렵다. 따라서 B와 D, D와 C 사이는 에드워드 홀의 공적거리나 앞선 상황과 거리의 길이가 다름에도 공적거리에 속한다. 또한 세 명 모두 서로에게 시선을 돌리거나 말을 걸지 않음으로써 공적거리를 계속 유지하고 있었다.

1	2	3	4	5	6	7
A	B	E	F	D		C

다음 역에서 E와 F가 나란히 3, 4번에 착석한다. 이때 E의 오른쪽에는 B가 앉아있고, F의 왼쪽에는 D가 앉아있다. B는 E에게 살짝 등을 돌린 상태로 여전히 A와 친밀한 행동을 이어나가며 E에게 관심을 두지 않는다. F와 D 또한 아무런 교류를 하지 않는다. E와 F는 서로를 향해 몸을 기울인 상태로 대화를 하고 있다. 이때 E가 F를 '엄마'라고 부른다. E는 제자리에서 발을 흔들거나 몸을 움직이는 등의 장난을 치기 시작했는데, 그러자 F는 "그만해"라고 말하며 E를 껴안아 자신 쪽으로 끌어당긴다.

E와 F는 바로 옆 자리에 앉아 있었으며 '친밀한 거리'인 46cm 이내의 거리에 있다. E와 F의 대화 내용을 보아 이 둘은 모자 관계임을 알 수 있고, 친밀한 거리를 공유할 수 있는 사이이다. E와 B도 바로 옆 자리에 앉아있지만 서로를 등지고 앉는 방식으로 서로가 사적 관계가 아님을 드러낸다. 따라서 둘 사이의 거리는 매우 가깝지만 실제로는 공적거리를 유지하고 있는 상태이다. B와 E, E와 F 서로 바로 옆 자리에 앉아 동일한 길이의 거리 안에 있음에도 불구하고 B와 E, E와 F 사이의 관계와 행동이 달랐기 때문에 다른 속성의 거리로 존재하는 것이다.

좀 더 자세히 상황을 들여다보자. A와 B, E와 F는 서로에게 몸을 기울이고 대화를 계속 나누는 행동을 통해 친밀한 거리를 유지하는 행동을 하고, B와 E는 서로 등을 지는 행동을 통해 공적거리를 유지한다. 이때 갑자기 E

는 발을 흔들고 몸을 움직이는 돌발행동을 한다. 그러자 F는 E에게 그만 하라고 말하며 자신의 쪽으로 끌어당김으로써 B와 E 사이의 거리가 그 공간 내에서 최대한으로 벌어지도록 한다. 이러한 F의 행동으로 불쾌감을 느낄수도 있는 B는 상대의 배려와 거리 유지에 대한 의지를 확인하고 불쾌함을 나타내는 행동이나 표정, 문제 제기를 하지 않게 된다. 상호간에 암묵적으로 상대를 배려하고 있음을 드러내는 행동은 실제로 상호간의 공적거리를 침범하는 행위들에도 예외적 상황을 만들어주게 된다.

지금까지 [사례 1], [사례 2]의 상황 분석은 물리적 거리만으로 사람 사이의 관계를 규정지을 수 없음을 보여주었다. 이러한 분석 사례의 다양한 상황들은 사회적 영역에서의 거리가 물리적 거리만을 의미하는 것이 아니며 오히려 사람들이 맥락적으로 하는 행위들이 서로 간의 관계를 규정하는 데에 더 중요한 요인이 되고 있다는 것을 보여준다. 서로를 쳐다보지 않거나, 관심을 가지지 않고 각자의 일을 하는 행동, 혹은 적극적으로 상대를 배려하는 방식 등을 통해 공적거리 혹은 사적거리를 형성하고 이를 통해 질서를 유지하기 위한 규칙을 즉각적으로 만들어내는 것이다. 결국 공공장소에서의 '공적거리'라는 규칙과 질서는 상황마다 변화하는 것이며, 사람들은 매 순간 다른 사람과의 상호 합의와 조율을 통해 질서를 형성하고 있었다.

줄의 생성과 변화

[사례 3], [사례 4], [사례 5]는 엘리베이터를 기다리는 사람들이 만들어내는 줄의 생성과 변화를 관찰한 것이다. 각각의 사례는 동일한 장소에

서 반복적으로 줄이 생성되고 소멸되는 상황들이다. 흥미로운 사실은 줄의 형태가 시시각각 변화하지만 여기에는 어느 누구도 줄의 형태를 생성하는 것을 주도하거나 상호 협의를 통해 줄의 형태를 결정하는 상황들이 존재하지 않았다는 것이다. 예컨대, 사례 3 은 한 줄의 모양으로, 사례 4 는 두 줄의 모양으로, 사례 5 는 갈고리 모양으로 줄이 형성되었다. 이러한 다양한 줄의 형태가 생성되고 소멸되는 상황에서 단 한차례도 질서가 깨지거나 문제가 발생된 상황은 없었으며 모두가 자연스럽게 엘리베이터를 탑승하고 기다림을 유지하는 상태를 지속해나갔다는 것이다.

사례 3

5월 9일 8:43 a.m. 건물 1층 로비 엘리베이터 앞

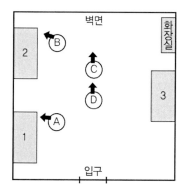

건물 1층 엘리베이터 공간에 A가 등장한다. A는 3번 엘리베이터 앞으로 가서 버튼을 누른다. 그때 뒤이어서 B와 C가 2번 엘리베이터 쪽으로 빠르게 걸어가고, B가 2번 버튼을 누른다. 3번 버튼을 누른 A는 뒤를 돌아 2번을 향해 걸어오다가, B가 버튼을 누르는 것을 보고 방향을 틀어 1번 엘리베이터 쪽으로 걸어간

다. 이와 동시에 B의 뒤에 따라오던 C는 1번, 2번, 3번 엘리베이터를 한 번씩 쳐다보며 걸어가고, B가 2번 버튼을 누르는 것을 보고 그 자리에 멈춰 선다. 이때 C의 방향은 화장실 벽 쪽을 향해 있다.

D가 빠른 걸음으로 등장한다. D는 2번 엘리베이터 앞에 벽을 보고 서 있는 C를 쳐다보고, C의 등을 바라보면서 그 뒤에 열을 맞춰서 선다.

D는 C가 서 있는 방향과 같은 곳을 바라보면서 그 뒤에 나란히 열을 맞추어 섬으로써 D와 C가 서 있는 모습이 '줄'의 형태를 갖추게 되었다.

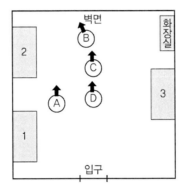

2번 버튼을 누르고 난 B는 뒤를 돌아보고 C와 D가 열을 맞춰 나란히 서 있는 것을 발견한다. 그리고는 뒷걸음질로 C의 한 걸음 앞에 열을 맞춰 선다. 이때 B의 몸의 방향은 화장실 벽을 보는 방향이다.

B는 C와 D가 열을 맞춰 서있는 형태를 보고 C의 앞에 나란히 섰다. 서 있는 방향 또한 세 명 모두 같다. 이로써 B, C, D가 열을 맞춰 서 있는 상태로 '줄'의 형태를 더욱 갖추게 되었다. 이때 B가 C의 앞에 와서 선 행동에

대해 C는 어떠한 제지를 가하지 않았다. 만약 C가 B의 행동에 이의를 제기했다면 줄은 지금과는 다른 형태로 형성되었을 것이다. 그러나 C가 B의 행동에 대해 어떠한 제지도 하지 않음으로써 줄의 형태를 만든 것이다.

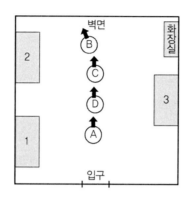

B가 열을 맞춰 섬과 동시에, 1번 버튼을 누른 A가 뒤를 돌아 B, C, D가 나란히 서 있는 것을 쳐다본다. 그리고 2번 엘리베이터 앞쪽을 쳐다보더니 2초 정도 멈칫하다가 그 쪽을 향해 두 걸음 정도 걸어간다. 하지만 다시 뒤를 돌아, D 뒤로 가서 앞 사람들과 똑같이 나란히 열을 맞춰 선다.

A는 1번 버튼을 누르고 나서 몸을 돌려 2번 엘리베이터의 앞쪽으로 가는 행동을 보였다. 하지만 그 앞에 서는 것이 아니라 다시 몸을 돌려 B, C, D 보다 먼저 왔음에도 불구하고 D의 뒤에 가서 섰다. 이러한 A의 행동으로 2번 엘리베이터 앞에는 B, C, D, A의 순으로 줄이 형성되었다. 보통의 줄은 도착한 순서대로 형성되는 경우가 많다. 그래서 줄을 선 모습만 보면 B, C, D, A의 순으로 A가 4번째로 도착한 사람으로 보인다. 하지만 이전의 상황과 연속적으로 보면, A는 가장 먼저 도착하였다. 결과적으로 A는 도

착한 순서대로 줄을 서 차례로 엘리베이터에 탄다고 가정하였을 때, 첫 번째로 탈 수 있었음에도 네 번째로 엘리베이터를 타게 된 것이다. 이를 통해 엘리베이터를 기다리는 줄은 온 순서대로 형성될 것이라는 규칙은 항상 성립되는 것이 아니라 상황에 따라 변화한다는 것을 알 수 있다.

또한 이때 A가 D의 뒤로 가서 줄을 서는 것이 아니라 2번 엘리베이터 앞이나 다른 곳에서 줄을 섰다면, 한 줄의 형태가 아닌 다른 형태로 그 질서가 변화되었을 것이다. 하지만 A가 D의 뒤에 나란히 열을 맞춰 섬으로써 한 줄이라는 모양이 깨지지 않고 유지될 수 있었다.

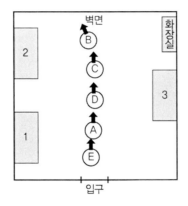

앞선 상황과 거의 동시에 E가 등장했다. B, C, D가 나란히 줄을 서 있는 곳을 향해 빠르게 걸어가다가, A가 몸을 돌려 D의 뒤쪽으로 걸어오는 것을 보고 속도를 늦췄다. A가 완전히 D의 뒤에 와서 자리에 서기 전에 E는 미리 D의 5걸음 정도 뒤에 섰다. A가 자리에 선 후, A와 열을 맞춰 앞으로 한 걸음 나아갔다.

E는 빠른 걸음으로 줄을 향해 걸어가고 있었기 때문에 속도를 줄이지 않고 계속 걸어갔다면 A보다 먼저 D의 뒷자리에 도착하거나, A와 부딪힐 수도 있는 상황이었다. 하지만 E가 미리 발걸음을 멈춰 D와 멀리 떨어진 곳에 열만 맞춰서 섬으로써, 그 사이의 공간에 A가 먼저 설 수 있었다. 이러한 E의 행동은 A의 행동과 줄의 형태를 예측하고 행동한 것으로 보여진다. 또한 A도 그러한 행동을 읽어내고 D와 E 사이에 섬으로써 안정적으로 하나의 줄을 만들어낸다. 이러한 줄의 형성은 그 상황을 함께 공유하는 사람들 사이에 즉각적인 상황의 인지와 합의로 만들어낸 공동의 산물이라고 할 수 있다.

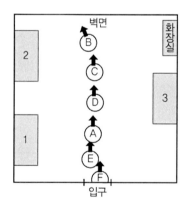

뒤이어 순서대로 등장한 F, G, H, I가 그대로 걸어가서 앞사람들과 똑같은 방향을 바라보며 이미 형성된 줄에 맞춰서 온 순서대로 나란히 선다. 이로써 B, C, D, A, E, F, G, H, I의 순으로 줄이 만들어진다. 엘리베이터가 도착할 때까지 그 뒤로 10명의 사람들이 더 와서 줄에 맞춰서고, 60주년 기념관 입구까지 한 줄이 길게 형성된다. 그리고 그 줄의 순서대로 엘리베이터에 탑승한다.

이후 19명이 한 줄로 길게 서 있는 줄이 형성되었다. 만약 C가 벽을 보는 방향으로 있지 않았거나 D가 C의 바로 뒤에 같은 방향으로 줄을 서지 않았다면 벽을 보는 방향으로 줄이 형성되지 않았을 수도 있다. 또한 19명 중 단 한 명이라도 다른 방향이나 열에서 벗어나게 섰다면 이 상황에서의 줄은 다른 모양으로 형성되었을 것이다. 하지만 이 자리에 있었던 개개인들은 방향과 열을 모두 맞추어 섰고 앞서 상황과 같은 모양의 줄이 형성될 수 있었다. 또한 사람들은 줄을 선 순서대로 혼란 없이 엘리베이터에 모두 탑승하였다. 엘리베이터를 타는 상황에서도 사람들은 앞에 사람과 보폭을 맞추어 줄의 형태를 유지하였다. 앞사람보다 빨리 걸어 가거나, 뒤의 사람보다 느리게 걸어 부딪히지 않는 방식의 매 순간의 노력은 줄의 형태를 지속적으로 유지하도록 해주었다. 이러한 행위의 방식은 언제나 그 현장의 규칙으로서 변화하고 즉각적으로 만들어지고 있었다.

사례 4

5월 4일 8:32 a.m. 건물 1층 로비 엘리베이터 앞

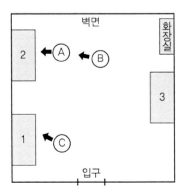

건물 1층 엘리베이터 공간에 A가 등장했다. A는 3번 엘리베이터 앞으로 걸어가서 버튼을 누른다. 다시 몸을 돌려 2번 엘리베이터 앞으로 걸어간다. 이때 걸어가면서 고개를 돌려 1번 엘리베이터의 층수를 확인한 후에, 2번의 버튼을 누르고 한 걸음 뒤로 물러나서 그 자리에 선다.

A가 한 걸음 뒤로 물러남과 동시에 B가 등장한다. B는 2번 엘리베이터 층수를 보면서 걸어오다가 3번 엘리베이터 쪽으로 몸을 돌려 걸어간다. 그러다 다시 2번 쪽으로 몸을 돌려 그쪽으로 몸을 기울인 뒤 완전히 3번 엘리베이터 문 앞을 바라보며 자리에 선다. 이와 동시에 A가 3번 엘리베이터 층수를 쳐다보고 다시 고개를 돌린다.

B가 등장하여 2번 엘리베이터를 쳐다보며 걸어가던 그 순간에 C가 뒤이어 등장한다. C는 1번 엘리베이터를 쳐다보며 걸어가다가 버튼을 누르고 문을 바라보며 그 앞에 선다. 약 2초 후에 3번 엘리베이터 앞에 서있던 B가 몸을 돌려 2번 엘리베이터 쪽으로 걸어간다. B는 A의 등을 바라보는 방향으로 두 걸음 정도 떨어져서 자리에 선다.

A가 첫 번째 순서로 2번 엘리베이터 앞에 멈춰 섰으며, B가 2번 엘리베이터 쪽으로 몸을 돌려 두 걸음 전진한 행동을 통해 A 뒤에 B가 일자로 선 모습이 되었다. 이를 통해 2번 엘리베이터 앞에 열을 맞춰 서 있는 모습이 한 줄의 형태에 가깝게 보이게 되었다. 또한 C는 2번 엘리베이터 앞에 서 있는 A와 B의 뒤에 서지 않고 1번 엘리베이터 버튼을 누르고 그 앞에 섰다. 이런 행동들을 통해 C는 1번, A와 B는 2번 엘리베이터를 바라보며 서 있는 형태가 된 것이다.

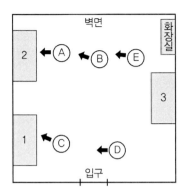

D가 등장했다. 2번 엘리베이터 쪽을 보면서 걸어오다가 속도를 늦추고 1번의 층수를 바라봤다. 그리고 C의 등 뒤에 네 걸음 정도 거리를 두고 열을 맞춰 섰다.

뒤이어서 E가 등장했다. E는 2번 엘리베이터를 쳐다보다가 D의 뒤로 돌아서 B의 뒤쪽으로 걸어갔다. 2번 엘리베이터 층수를 보고, 이어서 앞 사람들을 쳐다본 후에 열을 맞춰 B의 등 뒤에 섰다.

D가 C의 등을 바라보는 방향으로 섰기 때문에 1번 엘리베이터 앞에 C와 D가 열을 맞춰 서게 되었다. 이로 인해 1번 엘리베이터 앞에서 한 줄의 형태가 형성되었다. 또한 E가 B의 등 뒤에 서는 행동으로 A, B, E 3명이 2번 엘리베이터 앞에 일렬로 서 있는 모양이 형성되었다. 즉, 1번, 2번 엘리베이터 앞에 2개의 줄이 형성된 것으로 보이게 되었다.

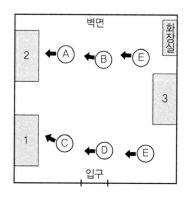

F가 등장했다. 1번 엘리베이터 쪽을 쳐다보고 D가 있는 방향을 향해 직진한다. D와 거의 가까워지자 몸의 방향을 조금 돌려 D의 등 뒤로 걸어가서 나란히 열을 맞춰 선다. 이때, F의 뒤로는 벽까지의 간격이 3걸음 정도로 좁은 상태이다. D는 자신의 뒤쪽으로 온 F를 힐긋 쳐다보더니, 앞으로 두 걸음 걸어가 C와 가깝게 선다. 그러자 D도 F를 따라서 두 걸음 정도 앞으로 걸어간다.

1번 엘리베이터가 도착하고, 1번 엘리베이터 앞에 열을 맞춰 줄을 섰던 C, D, F 순서대로 탑승한다. 뒤이어서 2번 엘리베이터가 도착하고 서있던 A, B, E 차례대로 탑승한다.

F가 D의 등 뒤에 섬으로써 1번 엘리베이터 앞에는 C, D, F 3명이 나란히 열을 맞춰 서 있는 모양이 만들어졌다. 이때, D가 뒤를 돌아 상황을 보고 앞으로 두 걸음 움직임으로써 F와 D 사이가 벌어지게 되었다. 그러자 F 또한 D를 따라서 두 걸음 정도 앞으로 갔는데, 이로써 3걸음 남짓이었던 F의 뒤에는 더 넓은 공간이 생기게 되었다. D의 움직임은 F의 움직임을 유발하였는데 이것은 D와 F가 하나의 줄을 형성하고 있었음을 보여주는 것

이다.

앞서 사례는 결과적으로 1번, 2번 엘리베이터 앞에 각각 3명씩 이루어진 두 개의 줄이 존재했음을 보여준다. 이것은 해당 건물의 줄이 상황에 따라 여러 형태로 생길 수 있음을 보여주는 사례였다.

사례 5

5월 8일 8:40 a.m. 건물 1층 로비 엘리베이터 앞

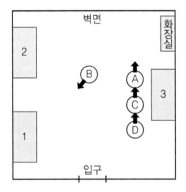

3번 엘리베이터 앞에 A가 문 쪽에 붙어서 벽 쪽을 바라보는 방향으로 서있다. B가 2번과 3번의 중간 지점에 서서 좌우를 두리번거리고 있다. C가 와서 3번 앞의 A 뒤에 가서 선다. B가 3번 엘리베이터를 쳐다보고 있다가 뒤로 돌아선다. B는 움직이지 않고 그 자리에서 1번을 쳐다본다. D가 와서 3번 앞에 나란히 서있는 A, C 다음으로 열을 맞춰 선다.

3번 엘리베이터 앞에 서있는 A의 뒤에 C가 와서 같은 방향을 바라보며

열을 맞춰 섰다. 그리고 D가 와서 A, C와 같이 몸의 방향과 열을 맞춰 섰다. 이러한 D의 행동으로 인해 A, C, D는 줄의 형태처럼 보이게 되었다.

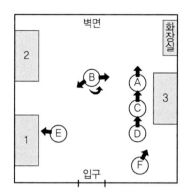

그와 동시에 E가 와서 1번 엘리베이터 앞에 섰다. 이때 E는 엘리베이터 문을 바라보고 있다. 거의 동시에, 3번 엘리베이터 앞에 나란히 서있는 A, C, D의 뒤로 세 걸음 정도 띠어서 F가 섰다. 몸의 방향은 앞의 사람들의 등을 보지 않고 45도 정도 틀어 3번 문을 보고 있다. 1번을 계속 보고 있던 B는 거의 제자리에서 뒤를 돌아 3번 앞의 사람들을 한 번 쳐다보고 난 뒤에, 엘리베이터 층수를 보면서 문 앞에 섰다.

F는 A, C, D의 뒤로 가서 섰다. 이때 F의 몸의 방향은 앞의 세 사람과 같지 않고, 그 간격 또한 세 걸음 정도 떨어져 있다. 그럼에도 F는 A, C, D와 열은 맞춰서 서 있기 때문에 네 명의 모습이 입구 쪽으로 서 있는 한 줄의 형태로 보이게 되었다. 따라서 엘리베이터 앞에는 A, C, D, F가 줄을 서 있는 상태가 된 것이다. 이때 B는 A, C, D, F가 줄을 서있는 쪽을 봤기 때문에

3번 엘리베이터 앞에 줄이 있다는 사실을 알고 있다. 그러나 B는 줄을 서지 않고 혼자 엘리베이터의 문 앞에 섰다.

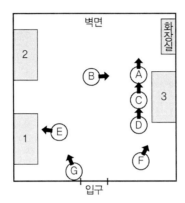

G가 등장했다. 1번 엘리베이터를 보면서 E의 7시 방향에 네 걸음 정도 떨어져 섰다. 이때 G는 E를 바라보는 방향으로 서있다. 뒤이어 H가 입구 쪽으로 등장했다. G가 제자리에서 두리번거리며 주변을 살피다가, H가 다가오는 것을 발견하고 몸을 왼쪽으로 반 걸음 정도 움직였다.

G가 E의 7시 방향으로 간격을 네 걸음 정도 떨어져 선 것은 입구 쪽에서 보았을 때 열을 맞춰서 선 것처럼 보이지 않는다. 그러나 H가 등장하여 엘리베이터를 타러 오는 것을 보고 G가 왼쪽으로 몸을 움직이는데, 이 행동을 통해 입구 쪽에서 바라보았을 때 G와 E가 비교적 열을 맞춰 서 있는 것처럼 보이게 된다.

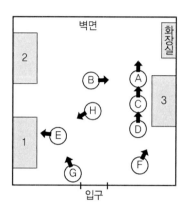

H는 엘리베이터 쪽을 향해 계속 걸어오다가 G와 E 사이의 공간을 통과하여 지나갔다. 그리고 E의 등 뒤에 바로 붙어서 섰다가 두 걸음 정도 간격을 벌려 섰다. G는 자신과 E 사이의 공간으로 H가 지나가자 앞으로 한 걸음 걸어가 E와 좀 더 가까워지도록 이동했다.

G가 왼쪽으로 반걸음 정도 이동함으로써 E의 열에 맞춰 선 것처럼 보임에도 불구하고 H는 그 사이를 지나 E의 등 뒤로 가서 섰다. 그러자 G는 앞으로 한 걸음 더 걸어감으로써 E와 더 가까워지도록 하는 행동을 한다. 이 행동을 통해 G와 E가 서있는 모습이 더욱 줄처럼 보이게 되었다.

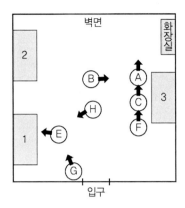

　3번 엘리베이터 앞에서 세 번째 순서로 서있던 D가 더 이상 엘리베이터를 기다리지 않고 자리를 떠났다. D와 세 걸음 정도 떨어져 서있던 F가 앞으로 세 걸음 정도 걸어가서 두 번째 순서인 C와 가까워졌다. 이때 엘리베이터 문을 바라보고 있던 F의 몸의 방향이 앞 사람의 등을 보는 방향으로 바뀜으로써 엘리베이터 앞의 A, C, F가 같은 방향을 바라보게 되었다.

　F는 자신의 앞에 서있던 D가 없어지자, 앞으로 세 걸음 걸어감으로써 그 앞의 C와 가까워졌다. F가 이동하지 않고 가만히 서있었다면 C와 F 사이의 거리는 6, 7걸음 정도 차이가 나게 되어 줄의 형태가 깨질 수도 있었다. 이때 F의 행동으로 A, C, F가 서있는 모습이 일렬로 이어지게 되면서 여전히 한 줄의 형태를 유지할 수 있게 되었다.

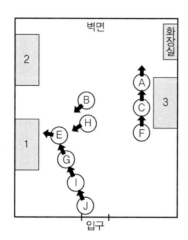

3번을 보며 문 앞에 서있었던 B가 제자리에서 뒤돌아 1번을 쳐다보았다.

I와 J가 차례대로 등장했다. G는 주변을 돌아보다가 I와 J가 다가오는 것을 보고 E에 가깝게 앞으로 한 걸음 더 걸어갔다. I와 J는 온 순서대로 G 뒤에 열을 맞춰 섰다. 이때의 몸의 방향은 G와 같다.

G가 앞으로 한 걸음 더 걸어간 행동으로 G와 E 사이의 간격이 더 좁아졌고, 더 나란히 줄을 서있는 것처럼 보이게 되었다. 그 뒤로 등장한 I와 J가 G, E의 뒤에 열을 맞춰 순서대로 섬으로써 4명의 모습은 한 줄의 형태를 보여준다.

1번 엘리베이터가 도착했다. 1번 앞에는 줄을 서서 기다리는 6명(E, G, I, J, K, L)과 줄을 서지 않고 기다리는 B, H가 있다.

1번 앞에 형성된 줄의 첫 번째 순서이자, 문에 제일 가까운 E가 가장 먼저 탑승했다. 그때 문이 열림과 동시에 B가 문을 향해 빠르게 걸어갔다. H는 움직이는

B를 보고 그 뒤에 붙어서 따라갔다. 줄의 두 번째 순서인 G가 E를 따라 탑승하려 하다가 B가 문을 향해 다가오는 것을 보고는 순간 멈칫하여 걸음을 멈췄고, B가 먼저 탑승했다. 바로 뒤에 이어서 H가 걸음을 멈추지 않고 문을 향해 계속 걸어 왔다. G는 다시 멈칫하여 걸음을 멈췄고, H가 탑승했다. G뒤로 I, J가 줄의 순서 대로 탑승했다.

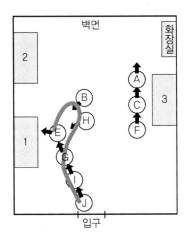

1번 엘리베이터 앞에 사람들이 한 줄로 서 있는 상황이었다. 이때 B와 H는 그 한 줄에 서있지 않았다. 하지만 엘리베이터가 도착하고 탑승할 때 1번을 기다렸던 모든 사람들이 충돌이나 혼란 없이 탑승하였다. 보통의 경우에 줄은 엘리베이터를 기다리기 위해 먼저 온 사람들 순서대로 서게 되고, 또 그 순서대로 탑승하는 것이 일반적이다. B와 H는 그 줄을 서지도 않고, 그 순서대로 엘리베이터에 타려고 하지도 않았기 때문에 혼란을 가 져올 수 있다. 하지만 엘리베이터에 타는 그 순간에 G가 B와 H가 타려는 것을 보고 걸음을 멈추는 행동을 하였다. 이는 B와 H가 먼저 탑승해도 된다는 것을 의미하는 행동이 된다. G는 B와 H의 행동에 대해 문제제기를 하지 않았고 결국 이러한 모습은 당사자들 간에 순간적이고 암묵적인 합의가 있었기에 가능한 상황이다. 또한 이를 통하여 줄을 형성할 때와는 다르게 탑승하는 순간 즉각적으로 새로운 질서가 형성되었음을 보여준다. G 뒤로 줄을 서 있던 사람들은 각자 앞뒤 사람들과 상호적으로 줄의 형태를 유지하면서 순서대로 엘리베이터에 탑승하였다. 따라서 위 사례에서 1번 엘리베이터를 타는 줄 모양은 한 줄이 아닌 B, H를 포함한 갈고리 형태의 모양으로 나타나게 된다.

앞서 [사례 3], [사례 4], [사례 5]의 분석으로 엘리베이터를 탑승하기 위해서 생기는 줄의 생성이 얼마나 맥락적일 수 있는지를 살펴보았다. 특히 무심코 해당 건물의 1층 로비의 엘리베이터 줄은 한 줄로 길게 형성될 것이라는 생각을 갖고 있었던 연구자들에게 실제로 줄이 얼마나 짧은 시간 안에 다양한 방식으로 변화될 수 있는지는 매우 흥미로운 관찰이었다. 결국 줄은 정해진 규칙이 없다고 하여도 해당 상황마다 사람들이 상황을 대처하는 다양한 방식들과 암묵적 합의를 통해 즉각적으로 그 모양이나 순서가 변화하고 있었다. 또한 사람들이 어떠한 모양의 줄이든 갈등 없이 서 있다가 엘리베이터에 탑승할 수 있는 것은 그 안에 있는 당사자들이 앞뒤 사람들과 끊임없이 조율하고 타협하는 행위들이 있었기 때문에 가능했다.

원칙(principle)과 규칙(rule)

여기에서는? 공공장소에서의 질서가 상황과 맥락에 따라 어떻게 생성되고 변화하는지를 지하철과 엘리베이터의 사례를 미시적으로 관찰하고 분석해보고자 하였다. 제시한 여섯 가지 사례들을 통해 사람들 간의 질서가 합의된 규칙의 준수를 통해서 가능한 것인지, 만약 그렇지 않다면 어떠한 방식으로 가능한 것인지 사람들의 행위 방식들을 살펴봄으로써 이해해보고자 하였다. 이상의 관찰 분석 결과는 다음의 몇 가지 의미가 있다.

[사례 1], [사례 2]의 분석을 통해 공적인 관계 사이에 생기는 공적거리는 에드워드 홀이 정해놓은 공적거리의 길이처럼 항상 일정하지도 않고, 그 길이여야만 공적관계로 보여지는 것은 아니었다. 즉, 공적거리는 상황마다 변화했고 행위 당사자들의 여타의 노력들을 통해 맥락적으로 만들어지는 것이었다.

또한 [사례 3], [사례 4], [사례 5]의 분석으로 엘리베이터를 탑승하기 위해서 생기는 줄 역시 항상 일정하게 생기는 것이 아니었으며 어떠한 모양으로 만들어진 줄이든 그 줄의 형태가 유지되는 것은 그 안에 있는 당사자들이 앞뒤 사람들과의 조율을 통해 암묵적 합의를 이뤄낸 결과였다.

질서유지가 사람들이 규칙을 준수하기 때문이라는 보편적 상식은 앞서 제시한 여섯 가지 사례들을 통해 새로운 관점을 제시할 수 있게 된다. 매 순간 우리가 기대하는 상식의 범위란 그 상식이 적용되는 맥락, 그 찰나를 기반으로 형성되며 당사자들 간의 합의와 조율을 통해 상호간 납득 가능한 규칙과 질서를 매 순간 만들어가고 있다는 것이다. 따라서 질서가 유지된다는 것은 규칙과 질서를 얼마나 철저히 지키는가에 달려있는 것이 아닌 그 상황에서의 조율과 합의가 얼마나 순조롭게 이루어지는지에 달려 있다는 것이다.

위의 제시된 사례들 가운데 몇몇 사례에 '이렇게 하면 안 되지 않나?', '잘못된 행동인 것 같은데?'라는 생각이 드는 장면들이 있다. 그럼에도 사람들 사이에 그 순간 합의가 이루어지면서 질서는 유지되었고 상황은 흘러갔다. 그리고 이렇게 예측할 수 없고 통제할 수 없는 것이 어쩌면 우리 사회의 실제일지도 모른다. 우리 사회가 마치 실험실 상황처럼 통제가능하고 모든 사회적 구성원들을 준법 정신이 투철한 민주시민으로 길러낼 수 있다면 이러한 논의는 무의미할 것이다. 그렇지만 그것이 도달할 수 없는 이상향이라면 우리는 사회적 질서가 유지되는 현상을 바라보는 새로운 시각을 필요로 하게 된다.

원칙(principle)과 규칙(rule)은 서로 다른 영어표현을 사용한다. 우리가 사회의 질서를 유지하기 위한 규칙을 원칙 혹은 원리(principle)로 생각하는지, 그것을 효율적으로 진행해나가기 위한 규칙(rule)으로 이해하는지는 사회적 현상을 이해하고 처방하는 데 전혀 다른 시각을 제공할 것이다. 어쩌면 질서는 최소한의 규칙으로 이루어진 자율적인 인간들의 상호간의 배려나 대처들일 뿐, 실존하는 무언가가 아닐지도 모른다. 암묵적 합의와 상황적 조율 없이 우리 사회의 질서 유지와 상호 존중은 이루어질 수 없는 것이다. 이렇게 사회를 있는 그대로 바라보고 이해하는 것은 우리 사회의 모두가 꿈꾸는 행복한 삶으로 가는 첫 단추가 될 것이다.

▮ 참고문헌

1. 문화일보(2015. 9. 16.). 우측통행? 좌측통행? '무법자' 있으면 통행 더 빨라진다.
   http://www.munhwa.com/news/view.html?no=2015091601032503000001에서 2018.4.10.
   인출.
2. 에드워드 홀(2013). 숨겨진 차원. 서울: 한길사.
3. 어빙 고프먼(2013). 상호작용 의례. 대전: 아카넷.
4. 조현영(2015). 문제해결과정의 상황적 특성에 관한 민속방법론적 연구: 학습 프로그램 설계에
   의 시사점 탐색. 인하대학교 대학원. 박사학위논문. 11-13.
5. 박진희, 조현영(2017). '학습자 중심' 아이디어와 실제 맥락에의 참여: 수학 수업에서의 한 가지
   해석. 교육과정연구. 35(4).

2... 코칭의 재발견:
필라테스 코칭 과정에 대한 관찰 분석

운동과 코칭

거리를 지날 때면 '다이어트 프로그램 및 식단 제시', '7주간의 기적!', '휘트니스 & 요가' 등과 같은 문구와 함께 운동으로 가꾼 몸의 사진 광고를 종종 보곤 한다. 최근 3년간 국내에서 가장 많이 증가한 사업은 스포츠 시설이라고 한다. 현대인들의 삶의 질에 대한 관심은 건강에 대한 관심으로 이어지고, 이것은 자신에게 맞는 다양한 운동의 수요로 나타났다. 이러한 수요자 확대에 힘입어 스포츠 관련 종사자나 연구자들 역시 바빠졌다. 참여자들을 끌어 모으고 그들에게 효과적으로 운동법을 전수하여 운동 효과를 증폭시키기 위한 노력들로서 어떻게 하면 더욱 효과적인 운동을 할 수 있을지에 대한 관심은 참여자와 코치 모두에게 최대 관심사가 된 것이다.

그렇다면 효과적인 운동이란 무엇일까? 목표한 바, 체중감량 혹은 강인한 체력을 갖는다는 의미일까? 사람들은 흔히 혼자서 포기하지 않고 운동을 지속하는 것에 어려움을 느껴 자신에게 적합하거나 효과적인 운동방법 등에 대한 코칭을 필요로 한다. 최근에는 인공지능을 활용한 운동 코칭 기술까지 개발되었다. 일반적으로 코칭은 운동시간이나 속도, 도달 정도 등의 기본 데이터를 관리하고 측정하는 것에서부터 시작하여 측정한 데이터를 중심으로 적합한 운동방법을 조언해주는 것까지를 의미한다. 그렇다면 정확한 데이터의 측정과 분석에 기반한 적합한 운동방법의 조언이라는 것이 코칭 기술의 최선일까? 코칭이 원하는 결과에 도달하도록 돕는 것이라고 한다면 과연 어떠한 코칭 기술을 활용해야 효과적일 수 있을까?

지금까지 코칭에 대한 연구들은 대체로 위와 같은 전제를 기반으로 코칭의 기술들에 접근해 온 것이 일반적이다. 데이터 기반의 코칭은 코칭의 전략과 내용을 범주화하여 자극과 반응의 관계 속에서 행위를 이해한다. 이러한 관점에서는 강의 및 안내, 질문, 대답, 청취, 감독, 정적 기술 피드백, 부적 기술 피드백, 시범, 독려 등으로 구분하여 코칭의 방법을 설명한다. 그런데 이러한 접근 방식은 행위가 발생하는 전후의 맥락이 빠져있다는 한계를 갖는다. 운동이 실제로 일어나는 현장에서의 역동성과 특수성은 단순화된 자극과 반응의 메커니즘으로는 충분히 설명할 수 없다. 예컨대 운동 참여의 과정에서 보이는 반응이 정확하게 무엇을 의미하는지 판단하고 거기에 적합한 처방을 내리는 것은 매우 맥락적인 경우이기 때문이다.

따라서 본 연구는 특정 코칭 행위를 범주화하여 그 속에서 패턴을 발견하는 데 주력하는 것이 아니라, 전후 맥락이 포괄된 일련의 과정을 구체적으로 기술·분석하여 그 속에서 상호영향을 주고받는 코칭 방식에 주목하고자 한다.

이러한 접근법은 운동에 대한 아주 근원적인 고민으로 돌아갈 것을 요구한다. 과연 인간의 운동이 마치 하나의 기계처럼 계산되어 움직임을 동기화시키고 지속시킬 수 있는 것인지, 혹은 운동이 인간 신체의 특정 상태에 도달하는 것을 목표로 하는 활동인지, 운동을 한다는 것, 운동을 지속할 수 있는 힘, 운동의 효과라는 것은 어디에서 비롯되는 것인지 등에 대한 물음은 코칭에 있어서 가장 핵심적인 질문일 것이기 때문이다. 여기에서는 개인 운동 가운데 '필라테스' 운동에서의 코칭 과정을 통해 운동의 의미와 운동을 지속시키는 코칭의 기술들에 대한 원론적인 문제들에 대하여 고민해볼 것이다.

필라테스에서의 '집중'과 '호흡'

필라테스는 조셉 필라테스에 의해 고안된 운동법으로, 다양한 기구를 활용해 몸의 긴장을 풀어주는 동시에 강화하여 육체적으로 단련시킨 몸을 이완하고 이를 통해 활력을 얻을 수 있도록 하는 것을 목표로 한다. 필라테스는 여섯 가지 원리를 중심으로 진행되는데, '파워하우스', '신체정렬', '집중', '정확성', '조절', '호흡'이다. 이 가운데 '집중'과 '호흡'은 운동 과정에서 직접 눈으로 확인하기 어려운 측면으로, 지도하는 과정에서 더욱 섬세함이 요구되는 부분이다. 이론적으로 '집중'은 학습자가 파워하우스[1]를 의식하여 신체를 균형 있게 강화할 수 있도록 하기 위해 필요한 것으로 필라테스를 수행하는 동안에는 마음을 안정시키고 자신의 움직임을 따라 신체 근육이 어떻게 반응하는지에 민감하게 반응하도록 유도하는 것으로 매우 중요하게 다루어져야 한다고 본다. 이를 위해 코치는 다양한 지원 방법을 도모하는데, 필라테스 이론에서는 '비유표현'의 활용을 강조하기도 한다.

코칭 과정에서 나타나는 비유표현은 분석에서 중요하게 다루어질 부분이므로, 여기에서 좀 더 자세히 다루고자 한다. 비유표현은 어떤 사물의 모양이나 상태 등을 보다 효과적으로 표현하기 위하여 그것과 비슷한 다른 사물에 빗대어 표현하는 방법으로, 눈에 보이는 것이나 보이지 않는 것을 보다 효과적으로 설명하기 위한 표현방법 중 하나이다. 비유표현의 이러한 시각적 이미지는 필라테스에서 몸과 마음을 하나로 만드는 데 주로 사용된다. 이때, 시각적 이미지란 마음속에 어떤 영상을 떠올리는 것으로 시각적 이미지를 이용한 운동은 기존의 운동법에 비해 상대적으로 새로운 개념이며 아주 효과적인 방법으로 인정된다. 시각적 이미지를 이용하면 해부학적으로 아주 복잡한 우리의 몸에 효과적으로 접근할 수 있으며 근육과 근육의 작용에 대한 전문적인 지식 없이도 잠재적으로 근육을 사용하도록 도와줄 수 있기 때문이다.

필라테스 이론에서 중요하게 다루어지는 두 번째는 호흡법이다. 필라테스는 고유의 호흡법을 가지고 있다. 흡기 시에는 흉곽을 확장하여 신선한 공기가 공급되게 하고, 호기 시에는 확장된 흉곽을 줄여 폐 깊숙이 있

---

1) 신체의 중심을 가리키는 필라테스 용어.

는 생기 없는 공기를 밖으로 배출시킴으로써 이루진다. 호흡법은 운동하는 신체 움직임을 통제 · 조절하는 데 도움을 주므로, 자칫 잘못된 호흡법을 사용할 경우에는 필라테스 운동의 수행 효과가 반으로 줄어들게 될 수 있다. 필라테스의 교습 과정은 서로 다른 여러 동작들을 통해 이루어지는데, 호흡법에 대한 부분은 시작부터 끝까지 코칭 과정에서 끊임없이 신경써야 하는 부분이기도 하다.

관찰 상황과 자료의 수집

여기에서 수집된 필라테스 운동 상황은 연구의 목적에 따라 정제하여 수집한 자료가 아니다. 운동 장면에 대한 녹화 상황은 일상적인 운동 상황을 유지할 것이 요구된 가급적 자연상태의 운동 장면으로 참여자가 녹화 중이라는 사실을 의식하고는 있지만 자연스러운 몰입 행위와 상호작용 행위에 집중하고자 노력하는 상황이다. 이를 위하여 1:1 지도 방식의 필라테스 상황을 분석의 대상으로 선정하였는데, 이는 대체로 두 사람의 행동과 반응이 분산 없이 지속되는 코칭 상황으로 의도한 목적에 부합한 자료의 수집과 분석에 용이할 것이라고 판단하였기 때문이다.

일반적으로 운동의 진행 과정은 매일 조금씩 달라진다. 코치는 수강자의 신체 균형 상태를 먼저 파악한 후 적절한 동작과 자세를 요구한다. 하나의 동작은 보통 7번 정도 반복하며, 45분의 운동 시간 중에 약 30가지의 동작이 진행된다. 크게 보면 교습 과정은 코치의 언어적 · 행동적 지시와 끊임없는 호응과 격려, 수강자의 동작 수행 과정으로 설명할 수 있다. 하지만, 그 과정과 상황을 면밀히 살펴보면 결코 지시와 지시따름의 형태가 아니라는 것을 알 수 있다. 또한 지시와 지시따름이 효과적으로 이루어지기 위해서는 그 가운데 미묘하게 서로를 의식한 표현과 반응, 그 과정 속 수정과 조율 등의 일상적 행위들이 동반되고 있었다.

몸으로 찾아가는 리듬

T: "이 때 척추 기립근이랑 등 쪽에 날개뼈 있는 곳에 힘을 줄게요. 후~ 그렇죠. 고개는 바로 꺾이지 않도록, 그렇죠. 우리 다시, 내리고, 네엣, 후. 그렇죠. 어깨는 다시 풀고, 내리고, 다섯 후. 그렇죠. 내리고 여섯. 그렇죠. 내리고, 일곱 후. 그렇죠. 어깨근에 힘이 들어갈 수 있도록. 두 번 더 두울 후. 그렇죠. 마지막 하나. 손바닥도 꾸욱 누르고, 상체도 업! 일으켜서. 목 어깨 긴장 풀고. 삼 초! 삼, 이, 일, 후 그렇죠."

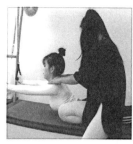 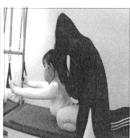 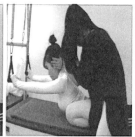

〈고개가 꺾여있는 장면〉   〈고개 교정 전〉   〈고개 교정 후〉

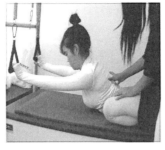

〈교정 후 다섯 때의 장면〉 　　　　〈교정 후 여섯 때의 장면〉

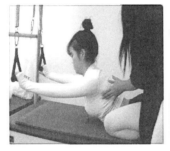

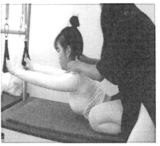

〈교정 후 일곱 때의 장면〉 　　　　〈교정 후 마지막 때쯤 장면〉

　처음 상황에서 코치가 "고개는 바로 꺾이지 않도록 그렇죠."라는 말을 하며 고개가 꺾인 상태의 수강자의 고개를 잡고 고개를 아래로 내린다. 그 후 고개를 올렸다 내렸다 하는 동작을 진행해 나가는데 수강자의 고개의 위치가 "다섯 후. 그렇죠."까지는 코치가 교정해 준 고개의 각도와 매우 유사하다. 그런데 "여섯 그렇죠."에서부터는 수강자의 고개가 교정해준 각도와 조금 다르게 꺾이기 시작한다. "일곱 후." 때에는 그 전보다 더 고개가 꺾인 상태를 볼 수 있다. 그리고 동작의 마지막쯤에는 고개가 코치가 교정해주기 전 상태와 유사하게 꺾여 있다.

　코치가 "이 때 척추 기립근이랑 등 쪽에 날개뼈 있는 곳에 힘을 줄게요.

후~"라고 하며 호흡법을 시범을 보인다. 수강자는 코치가 시범을 보인 다음 고개를 올리며 "후~"라고 하며 호흡법을 따라한다. 그 다음 "(고개를)내리고 네엣 후 그렇죠."라고 하며 고개를 내린 후 올라올 때 숫자를 세며 "후~"라고 다시 호흡법을 시범을 보인다. 이때는 수강자가 코치와 거의 동시에 "후~"라고 하며 호흡법을 한다. 그 다음 "내리고 다섯 후", "내리고 여섯 후", "내리고 일곱 후"라고 할 때도 마찬가지로 코치와 거의 동시에 "후"라고 하며 호흡법을 한다. 그런데 "마지막 하나 손바닥도 꾸욱 누르고, 상체도 업, 일으켜서"라고 코치가 말하자 수강자는 상체를 일으키면서 코치가 호흡의 시범을 보여주지 않았는데도 불구하고 "후~"하며 호흡법을 한다.

여기서 한 가지 주목할 코칭의 기술은 동작을 진행해나가는 과정에서 코치는 수강자의 위치가 처음 자신이 지정한 위치를 벗어남에도 일일이 동작을 수정시키지 않는다는 점이다. 코치는 처음 지적한 동작이 흐트러졌음에도 다시 수정하지 않고 흐트러진 채로 일단 동작을 진행해나가는데, 결국 수강자는 고개의 위치가 정확하게 취해지지 않은 채 동작을 끝마친다.

반면에 호흡법을 익혀가는 장면에서는 수강자는 코치의 의도보다 앞서 동작을 익히기도 한다. 맨 첫 동작에서 수강자는 코치가 "후~"라고 할 때, 코치의 "후~" 바로 다음에 따라하지만 "네엣 후. 그렇죠." 부분에서부터는 코치가 "후~"라고 하는 동시에 숨을 내뱉는다. 즉, 코치를 따라하는 방식으로 호흡법을 하다가 나중에는 코치와 거의 동시에 호흡을 하는 방식을 취한다. 수강자는 코치를 수동적으로 따라하다가 점차 호흡을 스스로 조절해 나가는 방식을 터득한다.

여기에서 코칭 방식의 또 다른 특성이 보여진다. 위 동작에서 호흡법을 설명하기 위해서 "고개를 내렸다가 올릴 때 호흡하시면 됩니다."라고 말하는 대신 "내리고 (올라오며) 다섯 후~", "내리고 (올라오며) 여섯 후~"라고 말하며 수강자가 몸을 일으켜야 할 때 코치는 수강자의 동작에 맞춰 "후~"라고 한다. 즉, 코치는 호흡하는 타이밍을 알려주기 위하여 자신이 직접 "후~"라고 호흡을 맞추며 수강자의 동작 속에 자연스럽게 호흡을 섞어 호흡을 유도하고 있다. 직접 행위에 녹여낸 호흡은 호흡의 시점과 길이 등과 같이 구구절절 설명해야 할 호흡의 방식을 매우 효율적으로 전달할 수 있도록 해주었다.

운동에 있어서 반복은 동작을 익히는 데 필수적인 과정이다. 필라테스의 경우도 마찬가지인데, 여기에서 동작의 반복은 결코 동일한 동작의 반복이라고 볼 수 없다. 똑같은 동작, 호흡법의 반복이라도 반복의 내용은 지속적으로 새로워지고 향상되기 때문이다. 위 호흡 상황에서도 코치와 수강자는 초반에는 서로 다른 호흡의 시점을 택하고 있지만 몇 차례의 반복은 두 사람 간의 리듬을 만들어주는 동작의 지점을 찾도록 해준다. 결국 반복은 기계적이고 동일한 동작의 반복이 아닌, 향상을 위한 민감한 조율의 과정이었다. 따라서 코칭은 지속적으로 서로 간의 리듬을 만들어내기 위한 상호작용이 되어야 함을 보여준다.

리듬감은 또 다른 운동의 효과를 만들어내기도 한다. 수강자는 코치와의 호흡을 맞추어가기 위하여 해당 동작과 호흡에 고도의 집중력을 발휘해야 한다. 감각을 중심으로 이루어지는 행위는 행위의 리듬을 찾아가기 위한 방식을 통해 집중이 발휘되기도 하고 집중이 지속되기도 한다. 바로 '집중과 몰입'이라는 운동의 조건이자 결과를 만들어내는 것이다. 이러한 방식은 오케스트라의 연주에서도 유사하게 나타난다. 지휘자의 동작을 자세히 관찰하면, 그 소리를 지시하는 그의 지휘봉은 연주자의 연주를 찰나의 순간으로 앞서 나간다. 마찬가지로 연주자도 그가 소리를 내기 직전, 찰나의 순간에 지휘자의 신호를 잡아챈다. 집중을 잘 하는 사람은 귀나 눈으로 들어오는 신호에 따라 동작을 반복할 때, 몇 번이나 반복하는지 헤아리지 않는다. 오히려 사고가 들어가면 그 집중은 깨지기 때문이다. 코치는 수강자에게 생각할 시간을 너무 많이 주면 안된다. 오히려 수강자의 동작에 밀접하게 녹아들어가 직관적으로 느끼고 따라할 수 있도록 도울 때 운동의 효과는 극대화될 수 있을 것이다.

발화의 맥락성

다음 상황은 코치가 '마지막'이라고 말하고 있지만 실제로는 동작을 한 번 더 하고 있는 상황이다. 또한 수강자가 취하기 어려워하는 자세였음에도, 코치는 마지막이라고 말하면서 옆구리를 더 접어주라고 이야기하고, 옆구리를 더 많이 접을 수 있도록 돕기 위해 수강자의 팔을 눌러준다. 마지막 자세에서 수강자가 뻗은 팔에 손을 대어 바깥 방향으로 당겨주고 있다.

T: 마지막 일곱~후! 그렇죠. 발바닥 내려놓고, 등 먼저 둥글게, 마지막까지 분절해서, 내려가서. 호흡 잠깐 쉬고, 마시고~ 후우~ 내쉬고~ 한 번 더! 호흡 코로 깊~게 마셨다가, 후우~ 내쉬고.

S: 으악(힘들어 하는 소리)

T: 마지막~ 하나만 더! 옆구리 접어주면서 그대로 쭈욱~ 그렇죠. 천천히 업!

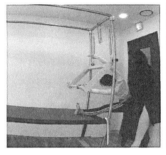 

〈기본 자세〉　　　　　　　〈마지막 자세〉

T: 그렇죠. 마지막 하나 후~

　앞서 장면에서 코치는 '마지막'이라는 말을 하고 있지만 실제로 한 번 더 동작을 지시하는 모습에 비추어볼 때, '마지막'이라는 말이 순서로서의 끝을 의미하는 것이 아님을 짐작할 수 있다. 오히려 코치는 '마지막'이라는 말과 함께 동작을 더 구체적으로 설명하고, 자극이 더욱 강하게 느껴지도록 유도한다. 일반적으로 마지막이라고 하면 긴장을 풀고 동작을 마무리한다고 생각할 수 있는데 이것과는 전혀 다른 방식이다. 수강자 역시 이러한 코치의 지시에 따라 '마지막'이라는 말이 나오면 동작을 더욱 오래 지속하는 모습을 보였다. 즉, 이 장면에서 코치의 진짜 의도는 정확히 알 수 없지만, '마지막'이라는 말은 수강자에게 동작에 더욱 집중하도록 유도하기 위한 방법일 수 있다고 여겨진다.

T: 이 뒤쪽으로 와서 척추 분절 연습동작을 가볼 건데. 어, 여기 바 앞에 서서. 그렇죠. 우리 양쪽 손으로 푸쉬바를 잡고, 우리 턱 끝 먼저 끄덕 당겨서. 머리 먼저 내리고, 그대로 쭈욱. 등을 말면서 푸쉬바를 앞으로 쭈욱 밀어서, 내려가 볼게요. 쭈욱 그렇죠. 이때, 엉덩이가 뒤로 빠지지 않도록. 그대로 쭈욱 내려가 볼게요.

T: 조금 뒤쪽으로 더 와서 설까요? 그렇죠. 골반도 살짝, 다리 넓이 살짝 넓게 벌릴게요. 그렇죠. 이제 그 상태로 한 번 더. 턱 끝 먼저 내리고, 그렇죠. 경추 먼저 말고, 흉추 말고, 그대로 쭈욱~ 푸쉬바 밀어 주면서, 그렇죠. 몸을 앞으로 기울여 볼게요. 그렇죠. 올라올 때는 꼬리뼈를 먼저 뒤로 빼주고, 그렇죠. 허리 세우고 등 세우고. 목, 얼굴 순으로 올라올게요.

T: 고개는 바로 꺾이지 않도록. 그렇죠. 우리 다시, 내리고 네엣 후. 그렇죠. 어깨는 (다시) 풀고 내리고. 다섯 후 그렇죠. 내리고 여섯. 그렇죠. 내리고 일곱 후. 그렇죠. 어깨근에 힘이 들어갈 수 있도록. 두 번 더. 두울 후. 그렇죠. 마지막 하나. 손바닥도 꾸욱 누르고, 상체도 업 일으켜서, 목 어깨 긴장 풀고, 삼초. 삼, 이, 일 후. 그렇죠.

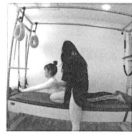 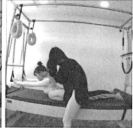 

〈고개 꺾임〉　　　　　　　〈수정〉　　　　　　　〈다시 꺾임〉

이와 유사하게 코치는 설명하고자 하는 동작의 중간중간에 "그렇죠"라고 반응한다. 그런데 이러한 반응이 결코 수강자의 행동이 바르게 되었음을 의미하는 반응은 아니다. 수강자는 지시하는 동작을 한 번에 완벽하게 재현할 수 없기 때문에 코치는 동작을 부분적으로 교정해나가면서 하나의 동작이 완성되도록 옆에서 돕는다. 그 과정에서 코치는 수강자가 동작을 바꿀 때마다 '그렇죠'라고 반응한다. 그런데 이 과정에서 코치는 수강자가 코치가 수정해준대로 동작을 이행하지 않았음에도 '그렇죠'라고 말한다. 위 장면에서 수강자의 고개를 교정해주는 장면에서 이러한 특징이 잘 드러났는데 코치는 수강자가 고개를 꺾은 채 들었을 때 고개가 꺾이지 않도록 직접 손을 대어 위치를 잡아준다. 하지만 이후 수강자의 고개 위치가 코치가 정해준 위치를 벗어났음에도 불구하고 지속적으로 "그렇죠"라고 한다. 이러한 코치의 지도 방식은 동작의 정확성을 강조하기보다는 동작을 만들어가는 과정에서 수강자가 지속적으로 몸을 조절해나가는 방식 자체를 격려하기 위한 의도일 수 있음을 짐작할 수 있다. 또한 수강자의 동작을 위한 작은 움직임이나 변화 등을 포착하여 반응하면서 수강자의 운동 과정에 자신이 함께 하고 있음을 적극적으로 표현하기 위한 방법일 수도 있다.

다음의 '맞아요'라는 말의 사용에서도 이러한 방식은 동일하게 적용된다. 다음 장면은 수강자는 자신의 자세가 맞는지 코치에게 확인을 받고자 하는 상황이다. 이에 코치는 '맞아요'라고 대답한다. 하지만 뒤이어 동작을 수정해주고 다음 단계를 설명한다. 직전에 오른쪽을 보고 취했던 자세를 왼쪽으로 바꿔서 하는 상황이다. 코치가 기구를 왼쪽 방향에 맞게 바꿔주었는데 수강자가 바로 왼쪽으로 바꿔 자세를 취하려고 하고, 코치는 한

쪽 발만 올렸음에도 '맞아요'라는 표현을 사용한다.

S: 맞아요?

T: 맞아요, 맞아요.

S: 이렇게 해요?

T: 네, 맞아요. 골반뼈 옆에 이 때 골반은 정렬해서 잘 붙여놓고, 밴드를 머리 뒤로. 그렇죠. 주먹이 그렇죠. 반대쪽도 같이 갈게요. 그렇죠. 이 상태로 팔꿈치를 활짝 열게요. 이 때 어깨는 올라간 상태로. 그렇죠. 팔꿈치 접어 넣으셔도 돼요.

T: 거울 쪽 보고. 그렇죠. 맞아요. 그 상태로 밴드를 이렇게 당겨서 뒤로 잡고, 어깨 내려가고 팔꿈치만 열어서. 그렇죠.

〈기본 자세〉　　　　　　〈'맞아요'라고 했을 때 자세〉

'맞다'의 사전적 의미는 '틀림이 없다'라는 뜻으로, 사전적 의미대로 쓴다면 수강자의 행위는 코치가 떠올린 상과 완전히 일치해야 한다. 하지만, 코치는 '맞다'고 표현함과 동시에 자세의 수정을 요구하고 있다. 뿐만 아니라, 수강자가 기구에 발만 올렸을 뿐인데도 '맞아요'라는 말을 하기도 한다. 따라서 '맞아요'라는 말이 사전적 의미의 '틀림이 없다'라는 의미로 사용된 것은 아니라는 점을 알 수 있다. 이러한 코치의 반응은 여러 가지로 해석할 수 있겠지만, 정황상 수강자의 격려 차원에서 시도된 말일 가능성 혹은 행위의 부분적 일치를 일컫는 말일 가능성도 있다. 어느 쪽이든 위의 행위들을 분석해보았을 때, '맞아요'라는 말은 수강자의 행위를 지속시키고 다음 동작을 지속해나가도록 하는 데 걸림돌이 되지 않도록 하기 위한 의도였음을 짐작해 볼 수 있다.

전략으로서 전문성

T: 일단은 저희가 체형 분석을 먼저 하고서 수업에 들어가는데, 저기 흰색 면에 서서 정면을 보고 저를 한번 봐주세요. 그리고 거울 쪽 바라보고. 어, 반대쪽 방향도 볼게요. 그렇게 하고, 우리 벽 쪽으로 돌아서 등을 살짝 기울여 볼게요. 어, 살짝 머리 조금만 더 내려 볼까요? 그렇죠. 어, 어, 이게 왜 그러냐면 골반이 약간 같이 틀어져서 그런 걸 수도 있고, 아니면 어깨의 높낮이가 다를 경우에는 등근육의 수축…. 어, 강도가 조금 달라서 그런 걸 수도 있고. 이런 걸 옆에서 봤을 때는 필라테스에서는 이제 발목과 골반뼈 그리고 어깨 귀가 일직선에 들어왔을 때 이제 '정렬이 맞다'라고 말하는데, 일단 거북목이랑 그런 증상은 별로 없으신데 약간 일자 목 증상이 있으시고. 으음. 그리고 조금 신체의 기울기가 앞으로 약간 빠져있어요. 옆에서 봤을 때는 이제 오른쪽 면보다 왼쪽 면이 약간 조금, 몸이 어깨보다 목이 앞으로

기울어져 있는 걸 확인하실 수 있거든요.

　코치는 수업의 시작과 동시에 "일단은 저희가 체형 분석을 먼저 하고서 수업에 들어가는데"라는 말을 한다. 그 후 현재 수강자의 필라테스의 중요한 요소 중 하나인 몸의 균형에 대해 알려 준다. 운동에 본격적으로 들어가기 전 코치는 신체의 균형이나 골반의 틀어짐 등을 설명한다. 이러한 과정은 왜 필요한 것일까? 실제로 수강자에게 해당 정보를 제공한다는 목적만 있을까? 의도가 무엇인지는 한 가지로 단언할 수 없지만 이러한 과정은 코치와 수강자 간에 운동을 위한 분위기를 환기하는 역할을 하고 있다고 보여진다. 코치는 수강자에게 설명을 하면서 거울을 바라봐 달라고 말한다. 수강자를 거울 앞에 세운 뒤 코치는 수강자의 어깨의 높낮이, 신체 구조 정렬, 거북목 증상, 신체의 기울기 등에 대해 자세히 설명한다. 또한 코치는 수강자의 상태를 파악한 후 일자목 증상이 있음과 신체의 기울기가 앞으로 약간 빠져있음을 언급하고 있다. 즉, 자신이 수업의 계획을 수립하기 위해 수강자의 몸 상태를 확인하고자 하는 목적이라면 수강자의 상태만 파악하면 됨에도 불구하고 그 내용을 자세히 설명해주고 있다. 이처럼 본인만 수강자의 상태를 파악하는 것이 아닌 수강자의 상태를 수강자와 공유하는 것은 어떤 의미를 가질까? 코치는 수강자 본인이 파악하기 어려운 신체적 문제점을 가시적으로 보여주고 지적해줌으로써 본격적인 교습 전 본인 신체의 문제점에 대해 지각하고 운동의 필요성에 대해 환기할 수 있다. 비전문가들에게는 포착되기 어려운 측면들을 자세히 분석해내면서 현재 운동의 전문성과 체계성에 대해서도 전달할 수 있게 된다. 단순히 동작을 따라하기만 하던 수강자는 이러한 설명을 통해 자신의 몸동작에 더욱 의미를 부여할 수 있게 된다.

말은 어떻게 동작이 되는가

T: 그대로 왼쪽 다리를 쭉 뻗어서 발 위에 올려보세요. 그렇죠. 이 때 무릎을 올라가지 않도록 올려놓고, 발바닥은 최대한 세울게요. 우리 손 허리 해서 골반 잡아놓고 그대로 상체 앞으로, 꾸욱 내려갈게요.

S: 와... 하하

T: 내려 갈 수 있는 만큼만 내려갔다가~ 그렇죠. 다시 업. 올라올게요. 좋아요. 두울 후. 그렇죠. 내리고, 올리고, 세엣 후. 그렇죠.

S: 으아~

T: 두 번 더, 두울 후.

S: 으아~

T: 그렇죠. 마지막. 하~나 후.

S: 으아~

T: 그렇죠.

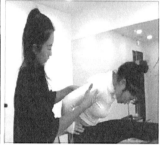

〈자세의 초반부와 후반부의 코치의 신체적 개입 정도 차이〉

〈"와... 하하" 하고 웃는 장면(좌)과 "으아~" 하고 탄식하는 장면(우)〉

　　수강자는 바에 다리를 올려둔 뒤 상체를 숙이는 자세를 취하고 있다. 코치는 운동을 시작하기 전 어느 정도 몸이 내려 가야 하는지 설명하지 않는다. 이때 수강자는 '너무 아파요.' 혹은 '그만하고 싶어요.' 같은 말이 아닌 웃음이나 표정 또는 곡성으로 본인의 상태를 드러낸다. 이에 코치는 '내려갈 수 있는 만큼만'이라는 말을 하기도 하지만 대체로 아무런 반응을 보이지 않는다. 동작 초반에 코치는 수강자의 등에 손을 대거나 손을 떼고 지켜보는 방식으로 신체에 소극적으로 개입한다. 그러나 동작의 마지막에 다다른 시점에서 코치는 수강자의 동작에 보다 강하게 신체적 개입을 가한다. 코치가 마지막이라고 말한 시점에는 수강자의 등과 팔에 동시에 손을 대며 내려가는 지점을 유지하도록 한참을 누르기도 한다.

이처럼 코칭의 과정은 단순히 일방적인 설명만으로 동작이 완성되는 것은 아니었다. 때론 아무런 반응을 보이지 않는 것, 혹은 말없이 손을 얹기만 하는 방식으로도 코치는 원하는 동작을 이끌어 낼 수 있었다. 이러한 방식은 수강자 입장에서도 동일하게 나타나고 있었는데, 동작의 어려움을 직접 동작을 하는 과정에서 보여주거나 다른 제스처를 통해 의사를 전달하고 거기에 적합한 자신의 동작을 찾아가고 있었다.

> T: 이번에는 어깨 높낮이를 낮춰줄 수 있는 근육을 키워 볼건데, 밴드를 어깨 넓이로 잡구요. 오케이. 그 상태로 밴드를 쭉 살짝 늘리면서 팔꿈치를 바닥 쪽으로 쭈욱 끌어당길게요.
>
> S: 프헤헤
>
> T: 조금 넓게 잡으면 돼요. 넓게 잡을수록 편해지니까. 팔꿈치를 높이면서 그렇죠. 그대로 다시 업, 끌어들일게요. 그렇죠. 그대로 옆으로~ 업. 올리고, 세엣. 업, 올리고. 네엣, 업, 올리고. 다~엇, 후우~ 업, 올리고. 여섯 후~ 팔꿈치가 양쪽에 동시에 바닥에 닿을 수 있도록 세 번만 더 두 번만 더 마지막 하나.

앞서 상황에서 코치는 "밴드를 어깨 넓이만큼" 잡도록 지시하고 있다. 수강자는 별다른 의문 없이 본인이 생각한 지점만큼 밴드를 잡는다. 그러나 밴드를 잡은 후 동작을 이어감과 동시에 '프헤헤' 하며 웃음을 터뜨리고 숨을 크게 내쉰다. 이에 대해 코치는 다시 "조금 넓게 잡으면 돼요."라고 말하고, 수강자는 다시 밴드를 넓게 고쳐 잡는다. 어깨 넓이는 사람에 따라 다르고 자신의 어깨 길이를 어디까지라고 정확히 짚어내기도 어렵다. 또한 어깨 넓이만큼으로 밴드를 잡았을 때 동작이 잘 나올지도 미지수다. 따라서 처음 코치가 지시한 밴드를 잡는 길이는 어림짐작한 길이라고 할 수 있으며 이에 대한 수강자의 동작 방식도 마찬가지로 어림짐작한 것이라고 볼 수 있다. 그러나 흥미로운 사실은 '어깨 넓이만큼'이라는 모호한 표현이 오히려 수강자에게 적절한 자세를 잡도록 하는 데 더 용이한 표현이 되고 있다는 점이다. 오히려 정확한 치수보다 직접 행동을 취하고 또 조율함으로써 차이를 좁혀 적당한 간격을 찾아나갈 수 있었기 때문이다.

이어지는 동작은 밴드를 잡은 상태로 팔을 올리고 내리는 동작이다. 이 부분은 코치의 말이 어떻게 수강자의 행동에 영향을 주게 되는지를 보여주는 부분이다. 코치는 어깨가 내려오는 지점에서 수강자의 어깨를 볼 수 있는 위치로 자리를 옮긴다. 자리를 이동하고 "팔꿈치가 양쪽에 동시에 바닥에 닿을 수 있도록"이라고 말하며 동작을 정교화하도록 요구한다. 이에 수강자가 수행을 하는 과정 속에서 힘든 표정을 짓자, '두 번만 더~↗ 세 번만~'과 같이 말끝의 톤을 높이고 길게 유지하는 방식으로 말을 한다. 이러한 코치의 발화 방식은 단순히 더 수행해야 하는 동작의 횟수를 전달하는 것 이상의 효과를 갖고 있다고 보여진다. 코치는 수강자의 행위 지속 시간과 유사하게 자신의 발화를 지속시킴으로써 말과 행동을 중첩시키고 있다. 다시 말해서, 수강자의 고통스러운 동작에 자신의 발화를 녹여냄으로써 함께 어려운 동작에 동참하고 있는 듯한 상황을 만든다. 이를 통해 간접적으로 수강자를 격려하고 북돋아주는 의도를 전달하게 되는 것이다.

〈동작이 분절적으로 멈추는 장면〉　　〈머리를 누르고 손을 떼는 코치〉

T: 올라와서 우리 다리 내려놓고 어, 우리 케딜락 위로 와서 조금더 상체 운동
　 가볼건데 이번에는 기둥 쪽을 바라보고 앉아볼게요. 그렇죠. 엉덩이 대고
　 앉고, 양쪽다리는 쭉 뻗어서 기둥에 발바닥을 붙여볼게요. 그렇죠.

S: 이렇게요?

T: 맞아요. 쭈욱. 어, 발바닥을 아예 기둥에 붙일게요. 그렇죠. 그 상태로 앞에
　 있는 푸쉬바를 양쪽 손으로 잡고, 그렇죠. 허리 쭉 핀 상태에서 무릎이 시
　 트에서 떨어지지 않도록 최대한 꾹 누를게요. 그대로 우리 머리 먼저 웨이
　 브 하듯이 푸쉬바 밑으로 내려주면서 그대로 쭈욱 푸쉬바 앞으로 밀고, 그
　 렇죠.

　 코치가 '케딜락'이라는 필라테스 기구 위로 올라와서 상체 운동을 한다
는 말을 하고 새로운 운동 동작을 설명하고 있다. 코치가 오른손으로 수강
자의 머리를 누르며 "머리 먼저"라는 말을 하자 수강자는 몸은 곧게 세운
채, 고개만 숙인다. 그러자 다시 코치는 "웨이브하듯이"라고 말하며 다시
머리를 좀 더 길게 누르고 그 후에 손을 뗀다. 그러자 수강자는 고개를 좀
더 숙여 푸쉬바 아래까지 내린다.

필라테스 이론에서 비유법의 사용은 익히 잘 알려진 방식이다. 이 장면에서는 비유법의 사용이 어떻게 효과적인 코칭을 만들어내는지를 잘 보여준다. 코치는 자신이 지도하고자 하는 동작을 한 번에 말로 설명할 수가 없다. 그래서 동작을 분절하여 설명할 수밖에 없고 위 장면에서도 '머리먼저'라는 표현으로 동작의 첫 시작을 지시한다. 수강자는 마찬가지로 코치의 의도를 한 번에 파악할 수 없기 때문에 '머리 먼저'라는 표현이 무엇을 의미하는지 알 수 없고, 고개만 숙이는 분절적인 행동으로 반응한다. 그러자 코치는 '웨이브하듯이'라는 표현으로 대체하는데, 이어지는 수강자의 행위는 그 표현이 어떤 의미를 담아내는지 잘 보여준다. '웨이브'라는 표현은 동작의 모습을 비유적으로 담아내는데, 여기에는 자연스럽게 동작의 흐름, 즉 시간의 흐름에 따른 동작의 변화 양상을 한번에 효과적으로 담아내는 것이다. 다시 말해서, 말이 동작으로 바뀌는데 갖는 시간성의 한계를 비유적 표현의 사용을 통해 어느 정도 보완해내고 있는 것이다.

과정으로서의 운동의 의미

운동에 있어 몸의 동작을 말로 정확하게 표현해낸다는 것은 애초부터 불가능한 것이다. 코치에 의해 계획된 동작들은 수강자의 상황을 만나 새로운 동작으로 구현된다. 수강자의 상황이 고려된 동작이라고 해도 이는 결코 고정적이고 절대적인 것이 아니다. 조금 뒤 수강자의 상황에서 또다시 달라지며 계속해서 변경된다. 불명확한 것은 코치의 계획과 수강자의 동작만이 아니다. 이러한 과정의 유동성은 결국 그들이 도달하고자 하는 목표지점의 유동성이기도 하다.

앞서 분석에서 보았듯이 실제 운동의 장면은 계획한 대로만 진행되는 과정이 될 수 없다. 몸이라는 대상을 정확하게 판단하고 진단하는 것이 애초에 불가능하기 때문이다. 결국 '무엇을 가르칠 것인(배우는)가', 즉 '목표와 계획'은 운동을 해나감에 있어서 어쩌면 수단일지 모른다. 다시 말해서, 코칭에서의 목표와 계획, 방법 등이 '운동 코칭'의 본질적인 영역이 아닐 수 있다는 것이다. 목표에 도달하도록 맥락에 맞추어 지도 방식을 변형하는 것, 이러한 과정에 다시 집중할 수 있도록 지원하는 것, 이것이 코칭의 본질이자 목표가 아닐까? 그렇게 그 과정에 충실하게 가다보면 도착하는 곳은 목표했던 것과 유사할 수도 혹은 전혀 다른 지점일 수도 있다. 이러한 예측불가능성은 결국 새로움을 만들어내고 신기록을 만들어내는 창조의 원천이 된다.

『민속방법론』에서는 개인들 간의 공동 이해의 가능성은 '의미의 상호일치성'이 아닌 '행위의 공동 생산'에서 가능케 된다고 본다. 코치와 수강자가 어울려 진행되는 운동의 과정은 동작을 수강자의 몸에 일치시키는 것이 아니라, 상호작용을 통해 행위를 공동 생산해내는 과정 그 자체일 뿐이다. 중요한 것은 생산해낸 결과물이 아니라 그 생산해내는 과정, 상호작용의 방식이라는 점이다. 그 방식이 결국 그들이 한 운동이자 운동의 결과 그 자체이기 때문이다.

3 ··· 요리 레시피의 활용법:

요리의 기술은 어디에서 나오는가

휴리스틱스 요리법

식당의 오픈 키친에서 유명 쉐프들의 음식 만드는 과정을 들여다본 뒤 음식을 서빙 받았을 때의 만족감이 더욱 큰 것은 음식에 담긴 시간과 노력을 공유할 수 있기 때문일 것이다. 이렇듯 무언가의 과정을 공유하고자 하는 사람들의 관심은 먹는 것과 여행하는 것을 비롯한 우리의 일상적 삶에 대한 리얼리티 관찰 프로그램들의 유행을 이끌고 있다. 특히 이 가운데 요리하는 쉐프들의 모습 혹은 레스토랑의 일상을 보여주는 요리프로그램들의 경우 과거와는 매우 다른 포맷으로 소개되고 있다. 예컨대, 양식이나 일식, 중식과 같이 다소 복잡하고 어렵게 느껴지던 요리의 과정을 쉐프들이 제한된 시간 안에 제한된 재료로 좌충우돌 요리를 해나가는 모습을 보여주는 프로그램은 사람들에게 놀라움과 함께 친근감을 선사한다. 또한 계량 도구로 정확한 분량을 설명하는 요리 레시피 대신 소탈한 말투와 투박한 설명 방법으로 쉽고 친근하게 요리를 소개하는 '백주부'가 인기를 끌기도 했다. 이처럼 최근 리얼리티 프로그램의 형식은 대체로 정제되지 않은 우리의 일상을 여과없이 보여준다는 특징을 보인다. 왜 우리는 이렇게 다소 엉성하게 느껴질 수 있는 요리 과정에 열광하는 것일까? 왜 이러한 프로그램들이 최근 하나의 오락 프로그램으로 주목받게 된 것일까? 어쩌면 사람들은 TV 속 유명인들의 우리와 다르지 않은 모습 속에서 편안함과 친근함을 느끼기 때문일 것이다. 합리적 사고와 전문성을 바탕으로 이루어질거라 기대했던 모습과 상반된 그들의 행동 방식은 긴장감의 해소이자 위안을 주기에 충분하다. 결국 이러한 프로그램들은 인간 행동과 문제해결방식이 갖는 근원적 특성을 잘 담아내는 방식을 통해 사람들에게 공감을 얻어낸 것이다.

그렇다면 인간의 행동과 의사결정은 실제로 어떤 과정으로 진행될까? 여러 학자들은 이를 밝혀내기 위해 여러 가지 이론과 모델을 제시해왔다. 우선 키니와 라이파(Keeney & Raiffa)의 '합리적 의사결정 이론'의 경우, 인간의 행위는 매우 논리적으로 여러 가지 대안들 간의 중요성을 따져서 효용의 극대화를 추구할 수 있는 방향으로 이뤄진다고 보았다. 하지만 카네만(Daniel Kahneman)은 '제한된 합리성 이론'을 주장하며 합리적 의사결정 이론이 실제 인간의 인지능력의 한계를 고려하지 못하고 현실 세계의 의사결정에 이용 가능한 접근법이나 방법을 제시하지 못한다고 주장하였다. 제한된 합리성 이론은 합리적 의사결정 이론의 전제인 "인간은 효용의 극대화를 추구하는 존재"라는 점을 부정하였다. 대신 인간의 의사결정은 제한된 합리성을 가지고 어느 정도 만족스러운 결과를 내는 것을 추구한다고 보았다. 이후 카네만(Daniel Kahneman)은 트버스키(Tversky)와 함께 완전한 합리성을 가정하는 것의 한계를 극복하고 사람들의 실제 행동을 설명하고자 집중했다. 인간은 불확실한 상황에서 확률을 따져서 판단하기보다는 휴리스틱스에 의해서 단순하고 신속한 판단을 한다고 보았다. 휴리스틱스는 우리나라 말로 "주먹구구식 방법", "어림법" 등의 다양한 언어로 해석되어 있으며 인간의 비합리적인 의사결정 행위를 설명하기 위한 이론이다. 카네만(Kahneman)은 휴리스틱스를 주로 일상생활 속에서 비 올 확률을 계산하거나 의사가 엑스레이를 보고 질병을 판단하는 경우 등의 상황에서 사람들이 어떻게 확률적인 판단을 하는지 알아보기 위해 사용했다. 위와 같은 이론들을 제외하고도, 여러 학자들의 인간 행위에 관한 이론들은 인간행위의 비합리성에 대하여 어떻게 설명할 수 있을지 고민해왔다. 이러한 고민들은 인간 사고와 행위 과정을 범주화하고 단계별로 정리하려는 시도를 통해 보다 체계적으로 설명하기 위한 노력들이었다. 그런데 이러한 노력들은 안타깝게도 인간 행위의 비합리성을 다시 합리적 이론으로 정리하려 한다는 환원적 태도로 말미암아 또 다른 행위와 이론 간의 괴리가 생겨난다는 한계를 갖는다.

요리 상황에 대한 분석은 "과연 인간 행위의 불합리성을 설명하기에 충실한 이론은 무엇인가?"라는 고민에서 시작한다. 이러한 고민 가운데 하나의 에피소드를 예로 들어보자.

'늦지 않게 주간 업무 계획서 부탁.'

　부장님이 보낸 업무 이메일. 간단한 업무입니다만, 좀 수상합니다. 왜 이런 메일을 굳이 보낸 것일까요? 아무래도 부장은 나를 무시하는 것 같습니다. 그러니까 나를 깔보는 마음으로 '너는 이런 수준의 일이나 해라.'라며 메일을 보낸 것이 분명합니다. 그리고 보니 중요한 회의에 나를 부르지 않은 것도 마음에 걸립니다. 물론 휴가 기간이었지만 그래도 언제부터 부하 직원 휴가 기간을 신경 썼다고… 나쁜 자식.[1]

　위 글의 부하 직원은 부장이 보낸 업무 이메일을 보고 자신을 무시한다고 생각하며 중요한 회의에 자신을 부르지 않은 다른 경험까지 떠올리며 부장을 나쁜 사람이라고 생각한다. 과연 부장의 이메일을 보고 부장을 나쁜 사람으로 판단하는 이 일련의 사고과정은 위에서 설명하는 합리적 의사결정이라 할 수 있을까? 부장의 업무메일과 통보하지 않은 회의 일정에는 어떤 의도가 있던 것일까? 여러 가지 해석이 가능하지만 쉽사리 단정지을 수는 없다. 부장과 직원의 성별이 남자인가 여자인가, 나이 차이가 얼마나 나는가, 그 날 하루 종일 직원의 기분이 좋았는가 나빴는가, 심지어 직원의 성격은 어떠한가? 등 당시의 아주 사소한 변수들까지도 동일한 경험에 서로 다른 해석과 판단을 불러일으킬 수 있기 때문이다. 이러한 과정은 결코 메일이나 대화 상황에 국한되지 않는다. 인간의 상호작용 상황, 언어적, 비언어적 정보를 막론하고 어떠한 대상을 전달하고 해석해야 하

---

1) 박한선(2019. 03. 13.). [내 마음은 왜 이럴까?] 비합리적인 생각에도 합리적인 이유 있다. http://m.dongascience.donga.com/news/view/27720에서 2019.06.15. 인출.

는 상황에서는 얼마든지 일어날 수 있는 오해와 착각에 해당한다. 여기에서 보여줄 요리 레시피를 활용하는 실제 상황들에 대한 관찰 분석은 사람들이 정보를 해석하고 활용하는 방식이 어떠한지를 보여주는 한 사례가 될 것이다. 요리 레시피에 쓰여진 일련의 요리과정이 어떻게 실재 요리가 되는지, 이를 통해 언어적 정보와 실제적 행위의 유관성을 살펴볼 것이다. 물론 이것은 일상의 아주 사소한 장면이지만 여기에서 포착한 문제해결의 근원적 원리는 전문 쉐프의 요리방식, 더 나아가서는 과학자들의 고차원적인 실험 상황에도 적용될 수 있다는 점에서 주목해 보고자 한다. 이러한 접근 방식은 인간 행위의 근원적 속성을 밝혀냄과 동시에 일상의 가치와 의미를 회복시키는 작업이 될 것이다.

관찰의 상황과 자료의 수집

분석을 위한 요리 상황은 두 차례에 걸친 참여 관찰을 통해 이루어졌다. 수집된 영상은 '잡채' 레시피를 활용하여 요리를 하는 상황으로 연구 참여자 4명이 두 팀으로 나누어 두 차례에 걸쳐 서로 다른 장소에서 요리를 하는 상황을 동영상으로 녹화한 것이다. 첫 번째 자료 수집은 2019년 4월 4일 대학가의 자취방, 즉 요리를 하기에 충분한 도구가 갖추어지지 않은 장소에서 요리 경험이 많지 않은 동민과 수진, 민정 세 명이 요리를 하는 상황이다. 두 번째 자료 수집은 2019년 4월 13일 비교적 자취방보다는 요리를 위한 도구가 충분히 갖추어진 가정집에서 정민과 수진, 지호 세 명이 요리를 하는 상황이다. 물론 여기에서 설정한 두 상황은 레시피 활용에서 상황적 변수들의 차이를 만들기 위한 맥락의 다양성일 뿐, 두 상황을 비교하기 위한 것은 아니다.

요리에서 활용한 레시피는 다음과 같다.

기존 레시피

1. 볼에 양조간장 1큰술, 설탕 2작은술, 다진 마늘 1/3큰술, 후추 조금을 넣고 섞은 뒤 잡채용 소고기를 재워둔다.

2. 양파 1/2개를 얇게 채썰고, 당근 1/3개를 6cm 길이로 채썬다.

3. 냄비에 적정 분량의 물과 소금 1/2작은술을 넣고 끓여 시금치 밑동을 다듬고 약 10초간 데친 후 찬물에 10분간 담가둔다.

4. 찬물에 담가둔 시금치를 건져내 물기를 꼭 짠 뒤 소금 한 자밤, 다진 마늘 1작은술, 참기름 1작은술을 넣고 조물조물 무친다.

5. 물에 불린 당면 500g을 끓는 물에 약 3분간 삶아주고, 체에 밭쳐 찬물로 헹군다.

6. 팬을 약한 불로 달군 뒤, 재워둔 소고기를 볶다가 건져낸다.

7. 고깃국물이 남아있는 팬에 채썬 당근, 표고버섯, 목이버섯을 넣고 볶다가 들기름 1큰술을 넣고 채썬 양파를 볶는다.

8. 볶은 채소들을 팬 한쪽으로 몰아넣고, 들기름 1큰술을 넣은 뒤 약한 불에 당면을 볶는다. 여기에 만든 양념장을 골고루 뿌린 뒤, 시금치와 대파를 넣고 볶는다.

※ 양념장: 양조간장 2.5큰술, 설탕 2작은술, 다진 마늘 1/2큰술, 참기름 1/2큰술

잡채는 레시피대로 만들어졌는가?

자취방 진행과정

1. 당면 준비: 가위로 당면을 반 자른다.

   냄비에 물에 넣고 불린 당면이 튕겨져 나간다.

   당면을 주워 반으로 자르고 다시 당면을 물에 불린다.

2. 마늘 3개를 칼등으로 빻다가 잘게 다진다.

3. 돼지고기를 세로로 자른다.

[2, 3 동시진행]

4. 마늘과 고기를 합친다.

5. 고기양념을 만든다: 양조간장 1큰술, 설탕 2작은술(1큰술로 대체), 후추, 고기양
   념을 고기와 섞는다.

6. 양파를 씻어 1/2개를 얇게 채썬다.

7. 당근을 얇게 채썬다.

[6,7 동시진행]

8. 파를 채썬다. 팽이버섯을 손질한다.

9. 파프리카를 썬다.

10. 양념장을 만든다: 간장 2.5큰술, 설탕 2작은술(1큰술로 대체), 참기름 0.5큰술

[9, 10 동시진행]

11. 마늘 2개를 칼등으로 빻다가 잘게 다진다. 양념장에 넣는다.(다진 마늘 0.5술)

12. 3분간 타이머를 맞추고 불린 당면이 담긴 냄비를 불에 올린다.

13. 오이 1/4을 얇게 채썬다.

14. 당면을 3분동안 삶는다.(끓기 시작한 순간부터)

15. 오이를 1/4을 더 얇게 채썬다. 오이를 소금에 버무린다.

[13, 14, 15 동시진행]

16. 당면을 찬물에 헹구지 않고 그냥 찬물에 5분 담가두었다.

17. 고기를 볶는다.(레시피에 기름을 두르라는 정확한 말이 없어 기름을 살짝만 두름)

18. 당근을 볶는다.(프라이팬 닦지 않고 기름 살짝만 두름)(당근 간 안함)

19. 모든 야채를 볶는다.(양파, 버섯, 오이, 파를 볶기 전 기름 1큰술 두름)

20. 볶은 야채를 한쪽으로 몰아놓고 기름 1큰술 넣은 뒤 약한 불에 당면을 볶는다.

21. 모든 재료를 볶고 있는 프라이팬에 양념을 넣는다.

22. 전에 볶았던 고기도 프라이팬에 넣는다.

23. (뒤늦게 파프리카를 발견해서) 파프리카를 프라이팬에 넣는다.

24. 모든 재료를 볶다가 잠시후 가스불을 끈다.

25. 완성

☐ 가정집 진행과정

1. 양파 1개와 1/2개를 얇게 채썬다.

2. 양조간장 2스푼, 설탕 3스푼을 잡채용 돼지고기에 넣고 버무린다.

[1, 2 동시진행]

3. 시금치를 씻는다.

4. 마늘 4개를 다진다.

5. 소금 1/2스푼을 넣은 소금물을 끓인다.

[3, 4, 5 동시진행]

6. 당근을 씻고 껍질을 깐다.

7. 다진 마늘을 버무려놓은 돼지고기에 넣는다.(다진 마늘양 계량 안함)

8. 시금치를 다듬고 찬물에 헹군다.

9. 끓인 소금물에 다듬은 시금치를 넣는다.(한 번에 넣지 않고 따로따로 넣음)

10. 데친 시금치를 찬물로 헹구고 찬물에 넣어둔다.

11. 당근을 칼로 자르고 채썬다.

12. 팬에 기름을 두르고 재워둔 돼지고기를 볶는다.

[10, 11, 12 동시진행]

13. 볶은 고기를 접시에 옮겨 담는다.

14. 파를 자르고 채썬다.

[11~14의 과정이 동시에 일어남]

15. 표고버섯을 물로 씻고 꽉 짠 후 후라이팬에 바로 올린다.

16. 찬물에 넣어뒀던 시금치 물을 살짝 짜고 그릇에 옮겨 담는다.

17. 표고버섯에 약간의 소금 간을 한 후 볶는다.

18. 표고버섯 볶는 중 후추를 약간 넣고 다시 볶는다.

19. 표고버섯 볶는 중 간장을 약간 넣고 다시 볶는다.

20. 시금치에 소금을 한 자밤 넣고 다진마늘 약간 넣고 무친다.

21. 당근을 팬에 넣고 양조간장 한 스푼, 소금 약간을 넣고 볶는다.

22. 무친 시금치에 참기름을 한 바퀴 두르고 다시 무친다.

[19, 20, 21 동시진행]

23. 볶던 당근에 양파를 같이 넣고 볶는다.

24. 설탕 1스푼, 양조간장 2스푼을 넣고 양념을 만든다.

25. 볶던 당근과 양파에 소금을 더 넣고 파를 넣고 볶는다.

26. 볶은 야채들을 그릇에 옮겨 담는다.

27. 팽이버섯을 씻고 뜯은 뒤 팬에 올리고 볶는다.

28. 팽이버섯에 양조간장 1스푼, 소금 약간을 넣고 더 볶는다.

29. 볶은 팽이버섯을 야채그릇에 옮겨 담는다.

30. 후라이팬에 물을 넣고 불려두었던 당면을 넣고 양념장을 넣은 뒤 졸인다.

31. 물이 줄어든 뒤, 양조간장과 물 한 컵을 넣고 더 졸인다.

32. 설탕을 더 넣고 계속 졸인다.

33. 당면을 볼에 옮겨 담고 볶아두었던 야채와 고기, 버섯, 시금치를 함께 넣는다.

34. 모든 재료를 섞는다.

35. 소금을 추가한다.

36. 완성

　위에서 제시된 자료들은 앞서 제시한 잡채 레시피를 가지고 가정집과 자취방에서 실제로 요리가 이루어진 장면을 관찰한 것이다. 분명 같은 레시피를 보고 "잡채"라는 같은 요리를 했음에도 불구하고 두 상황의 요리 순서와 방법은 다르다. 물론 두 상황에 참여한 사람이 다르기 때문일 것이라고 생각할 수 있지만, 레시피가 요리 상황을 매뉴얼화 한 것이라는 점을 고려해보았을 때, 두 상황의 요리 상황의 유사성은 그다지 높지 않다. 이러한 특성은 상황을 세심하게 보면 볼수록 더 커진다. 예를 들어, 당면을 준비하는 과정에서 기존의 레시피는 "물에 불린 당면 500g을 끓는 물에 약 3분간 삶아주고, 체에 밭쳐 찬물로 헹군다."의 한 줄로 간단하게 설명되어 있지만, 자취방에서는 당면을 불리기 위해 냄비에 담아뒀던 당면이 튕겨 날아가는 레시피에 기술되지 않은 변수들이 일어나기도 한다. 또한 가정집에서는 당면을 삶는 과정을 생략한 채로 물을 담은 후라이팬에 당면을 넣고 양념장과 함께 졸이는 레시피와 맞지 않는 행위를 하기도 한다. 뿐만 아니라 기존의 레시피에 순서대로 제시한 요리의 절차는 실제 요리 상황에서는 결코 순서에 입각하여 이루어지지 않았다. 아래에 몇 가지 장면은 이러한 차이를 잘 보여주는 순간들을 포착한 것으로, 실제로 요리가 진행되는 순서에 따라 제시될 것이다.

자취방에서의 잡채 만들기

1. 당면의 길이는 어떻게 정해지는가?

(길게 접힌 당면을 포장지에서 꺼낸다.)

동민: 가위로 자를까?

민정: 아, 맞다. 가위가 있었지? 인간은 도구를 써야 한다구.

동민: (민정이 당면 한쪽을 들어주고 있고 가위로 당면을 반으로 힘겹게 자르
　　　며) 어우, 바닥 청소해야겠다~ 오우 왜 이렇게 안 잘려.

민정: 이거 좀 자를까?

동민: 이거? (냄비에 당면 욱여넣고 있음)

민정: 이만큼만 더하자. (당면 한주먹 더 냄비에 넣음)

동민: (당면을 욱여넣고 물을 받음)

　　　(물을 끈 뒤 1초 후 당면이 튕겨져 나감)

민정: 야, 너 바닥 어떡해? (웃으며 떨어진 당면을 주워 냄비에 넣는다.)

　　　가위로 자르자, 가위로 자르자.

동민: 아이, 그럼 면을 흡입해 먹는 맛이 없을 거 같은데...

　　　(당면을 반으로 한 번 더 자르며)

　　　어우씨, 안잘리네. (당면을 반으로 자르고 다시 물을 받고 싱크대에 떨
　　　어진 당면들을 냄비에 주워 담는다.)

　　본격적인 요리 시작 전, 민정과 동민은 레시피 순서상 5번에 제시된 '물
에 불린 당면'을 준비하기 위해 애를 쓴다. 당면을 불리는 과정에 대해서
는 레시피에 충분한 내용이 제시되어 있지 않기 때문이다. 민정과 동민은

마른 당면을 물에 불리기 위해 냄비를 꺼내지만 건조되어 부드럽지 않은 당면을 통째로 집어넣기에는 그릇의 크기가 충분하지 않다. 레시피에는 당면의 길이에 대한 언급이 없었기에 둘은 당면의 길이를 줄이는 쪽으로 방향을 잡는다. 건조되어 길게 접힌 당면을 약 1/2로 자르고 물에 불리기 위해 냄비에 담아보지만 여전히 냄비보다 긴 길이에 당면이 냄비 밖으로 튕겨져 나간다. 이러한 상황이 발생한 후 당면의 길이는 한 번 더 반으로 자르는 행위를 통해 냄비 크기에 맞게 구부리지 않아도 들어갈 정도의 길이가 된다. 물론 당면이 들어갈 충분한 크기의 그릇이 있었거나 또 다른 방법을 고민해보았다면 당면의 길이는 달라졌을 것이다. 둘의 대화에서 동민이 당면을 너무 짧게 자르면 면을 먹는 맛이 없어질 것 같다고 이야기하지만, 민정은 여기에 반응하지 않고 "가위로 자르자."고 이야기하며 당면의 길이를 다시 이전 길이의 약 1/2만큼 짧게 만든다.

여기에서 이들의 레시피 활용법에 대해 한 가지 주목해야 할 것이 있다. 이들은 레시피를 결코 순서대로 보고 있지 않다는 것이다. 이들이 실제로 적용하고 있는 요리의 순서를 살펴보면 요리의 전체 흐름을 파악하고 있어야 가능한 방식으로, 레시피 전체를 파악한 뒤 나름의 요리 순서를 재구조화한 방식이라고 짐작해 볼 수 있다. 이러한 순서의 변용은 전개될 요리 상황 전반에 반복적으로 나타난다.

2. 요리의 순서는 누가 정하는가?

수진: 그 다음 뭐 할건데? (도마의 방향을 바꾸면서)

동민: 나 고기!

수진: 아, 고기!

동민: 아, 이렇게 하는게 더.......

(양 손날을 도마 위에 수직하게 들었다가 이내 내린다.)

수진: 이렇게 (마늘을 칼로 썬다.)

동민: (칼로 고기를 자른다.)

수진이 다음엔 무엇을 할 것인지 동민에게 묻는 상황이다. 수진은 도마의 방향을 바꾸면서 동민에게 "그 다음 뭐 할건데?"라는 질문을 하는데 동민은 "나 고기!"라고 대답하고 수진은 여기에 추가 질문없이 "아, 고기!"라고 답한다. 레시피 상의 복잡한 과정들이 '고기'라는 단어로 표현되었는데, 수진 역시 이것을 이해하고 마늘을 써는 행위를 한다. 이들이 적용하고 있는 실제 레시피는 다음과 같다.

> 1. 볼에 양조간장 1큰술, 설탕 2작은술, 다진 마늘 1/3큰술, 후추 조금을 넣고 섞은 뒤 잡채용 소고기를 재워둔다.

소고기 양념의 재료와 양이 제시되어 있지만 두 사람은 이를 단순화하여 이야기하고 자연스럽게 이 단계에서 해야 할 것이 무엇인지에 대해서도 역할을 분담한다. 물론 수진이 간장과 설탕을 가지고 양념을 만들 수도, 마늘을 썰 수도 있다. 그것은 어디까지나 상황에 놓인 두 사람의 순간적 선택과 판단에 맡겨지게 될 부분이다. 어쨌든 이 상황에서 수진은 고기를 재우기 위한 행위로 마늘 썰기를 하게 된다. 이렇게 생략된 순서는 다음 행위의 자율성을 부여하고 일의 순서와 절차를 다양화시킨다. 이것은 두 사람 간의 대화 상황에서의 생략일 수도 있고, 레시피에서의 절차의 생략일 수도 있다. 당면 자르기의 방식에도 마찬가지로 당면의 길이가 명확히 제시되지 않은 레시피가 위와 같이 다양한 길이의 당면을 만들 수 있게 되는 것처럼 말이다.

3. 약 3분? 당면을 삶는 시간은 어떻게 정해지는가?

수진: (젓가락으로 당면을 휘저으면서) 꺼내기 전에 먹어봐야 되는 거 아니야?

동민: 당면을?

수진: 어어, 이거 원래 먹어보지 않아? (당면을 두 가닥 손으로 꺼낸다.)

민정: 뜨겁지 않아?

수진: 뜨거워.

수진: (당면을 젓가락으로 들어올려 손으로 잡고 물에 씻음)

민정: 그 찬물에 헹궈서 먹어야 되지 않을까?

수진: 약간 덜 익은거 같기도 하고?.... 손톱으로 잘 안잘려. 제가 한번 먹어보겠습니다. (손닦음)

동민: 어때?

수진: (당면을 먹어보면서) 음, 된 거 같은데,,근데 몇...?

동민: 10.

수진: 어, 이거까지 다하고.

동민: 5초 남았어.

동민: 레시피를 따르는 사람.

수진: 아닌가? 오빠 먹어볼래? (젓가락으로 당면을 건짐)

동민: 5, 4, 3, 2, 1

수진: 됐겠지?

위 상황은 잡채를 만드는 중에 당면이 익었는지를 확인하기 위한 장면이다. 레시피에는 물에 불린 당면을 약 3분간 삶아준다고 되어 있다. 그런데 동민과 수진의 대화를 살펴보면 시간을 그다지 염두하고 있지 않다는 생각이 든다. '어때?', '된 것 같은데', '근데 손톱으로 안 잘려'와 같은 말을 주고 받으며 당면을 언제쯤 꺼내야 할 것인지 우왕좌왕하고 있기 때문이다. 그런데 이후 수진은 '근데 몇'이라는 말을 한다. 동민은 '10'이라고 대답하는데 이것은 수진과 동민이 당면을 삶는 시간을 재고 있다는 사실을 보여준다. 물론 여기서 둘 사이에 시간의 단위를 생략하였다는 점 때문에 맥락 바깥의 사람들은 이 대화가 무슨 의미인지 모를 수 있지만, 이후 5초 남았다는 대화를 통해 앞서 이야기를 나눈 대화가 시간을 의미함을 알 수 있다. 레시피에서 제시한 3분의 시간이 흐르고 여전히 "됐겠지?"라며 당면이 충분히 익은 것이 맞는지 의심한다.

이 상황에서 실제로 수진과 동민은 레시피에 따라 당면을 삶기 위해 당면 삶는 시간 3분을 핸드폰 스톱워치로 재고 있었다. 그러나 수진은 시간이 되기 전에 당면이 익었는지 두 가닥을 꺼내서 손으로 잘라보고 직접 먹어보는 행위를 한다. 이 행위를 통해 당면이 아직 익지 않았음을 확인한다. 이후 수진과 동민은 스탑워치로 정해진 시간이 되자 당면을 물에서 건지는 행위를 하는데 이것은 이들이 측정한 시간과 동시에 일어나는 것처럼 보이지만 실제로는 당면이 건져지기 시작하기까지 5초 이상의 차이가 있었다. 이를 통해서 레시피에 시간이 표시되어 있더라도 이것은 실체가 있는 명확한 시간이 아니라 불의 세기, 물의 양, 당면의 양 등에 따라서 유동적으로 변할 수 있는 시간이며 두 사람 역시 이를 인지하고 있기 때문에 당면이 끓어가는 내내 이를 어떻게 조절할 것인지 지속적으로 탐색하고 있음을 알 수 있다. 다시 말해서, 두 사람은 레시피를 활용하고 있지만 레시피가 의미하는 바를 현장의 상황에 적절하게 적용하기 위해 끊임없이 조율하고 있는 것이다.

4. 기름을 얼마나 두를 것인가?

수진: 볶아주세요~!

동민: 고기를 볶아야 되지?

(후라이팬 손잡이를 잡은 상태에서 다른 손으로 불을 킨다)

수진: 응. (고기가 담긴 그릇을 들어 숟가락으로 섞으면서) 기름 안 둘러도 되지?

동민: (불을 조절하면서) 둘러야지.

수진: (계속해서 고기를 섞으면서) 얘? 얘에서 기름이 나오는데 둘르래?

동민: 그러는 거야? (나무주걱을 흐르는 물에 헹군다.)

수진: 고기 맛있게 생겼다.

동민: 딱히 두르라는 말 없었는데.

수진: (동민이 말을 할 때) 아닌가?

수진: 그래? 근데 어차피 이거 고기니까 기름이 나오긴 하는데 (불을 약하게 줄임)

동민: (핸드폰으로 레시피를 확인하면서) 난 항상 두르라는 레시피만 봤거든?

동민: (레시피를 읽는다.) 팬을 약한 불에 달군 뒤 재워둔 소고기를 볶아서 건져낸다.

수진: (후라이팬 위에 왼손을 가까이 올려봄) 아~건져?

동민: 그냥 이게 다인데... 살짝만 두를까? 사알짝만?

동민: (후라이팬에 기름을 한바퀴 조금 안되게 두른다.) 요정도?

수진: 응!

동민: (후라이팬을 들고 팬을 움직임) 오케이.

수진: (후라이팬 위에 왼손을 가까이 올려봄) 됐겠지?

동민: (후라이팬 위에 오른손을 가까이 올려봄) 어.

수진: (그릇에 담긴 고기를 숟가락을 이용하여 후라이팬에 넣음)

위 상황은 수진과 동민이 잡채에 넣을 고기를 볶을 때 기름을 두르고 고기를 볶을지, 두르지 않고 볶을지에 대해서 이야기 나누는 상황이다. 수진이 먼저 "기름 안 둘러도 되지?"라고 말함으로써 기름을 두를지 말지에 대한 문제 상황이 시작된다. 수진은 "어차피 이거 고기니까 기름이 나오긴 하는데"라고 이야기하면서도 기름을 둘러야 하는지 고민한다. 동민 역시 "딱히 두르라는 말 없었는데", "난 항상 두르라는 레시피만 봤거든?"이라고 말하며 고민한다. 두 사람의 이러한 고민은 수진이 말한 고기의 특성과 동민의 이전 경험들이 반영되어 '사알짝만'이라는 기름의 양으로 해결책을 찾는다. 그렇지만 '사알짝만'이 얼만큼인지는 역시나 명확하지 않다. 다만 이후 동민이 기름을 두른 후 '요정도'라고 말하고 수진이 '오케이'라고 이야기한 것을 통해서 적당한 양의 실제를 확인할 수 있을 뿐이다. 그러나 이 또한 수진과 동민이 애초에 염두한 '사알짝만'과 동일한 양이었는지는 확인할 수 없다. 그렇지만 두 사람 사이에 맥락적 합의가 있었다는 것만이 의미를 갖는다. 즉, 수진과 동민은 레시피에 없는 상황을 자신들의 이전 경험들에 비추어 해석해나가며 언어적 모호함으로 구체화되지 않은 행위들을 현장의 행위를 통해 적당히 의견의 합일점을 찾아가는 방식으로 요리를 전개해나가고 있다는 점을 알 수 있다.

기름의 양을 정하는 와중에 수진은 양념이 된 고기를 계속 숟가락으로 섞으면서 다른 손으로는 후라이팬 근처에 가까이 대보는 행동을 한다. 동민은 주걱을 물에 헹구는 행동을 한다. 또한 기름을 두르고 후라이팬을 돌리며 기름을 고르게 퍼뜨리기도 하고 레시피에는 없지만 상황적 혹은 습관적으로 요리 상황은 끊임없이 역동한다. 이렇게 자세히 이들의 행동을 들여다보면 레시피는 매우 단순한 요리의 일부만이 정리된 것이라는 생각이 든다.

5. 당근 간을 맞추는 방법은 무엇일까?

수진: 얘 간 안해도 되지?

동민: 뭐? 어떤 거?

수진: 여기. (프라이팬에서 볶고 있는 당근을 가리킨다)

수진: 원래 소금 넣는데.

동민: (레시피에) 간 하란 말 없던데.

수진: 아, 그래.

수진: 흐흐, 아 좀 잘 저어줄래?

동민: 아, 이거(핸드폰) 빼다가 (핸드폰으로 레시피를 본다)

수진: 여기 안 저어져. (하면서 동민이가 젓고 있는 숟가락을 뺏어서 수진이
    젓는다.)

동민: (레시피 보다가) 아 좀 이따가 양념 넣잖아. 그걸로 된 거 아니야?

수진: 아, 그런가보다. 너무 짜니깐.

위 상황에서 수진이 "얘 간 안해도 되지?"라고 동민에게 묻는다. 동민은 "(레시피에) 간 하란 말 없던데."라고 하고 레시피를 확인해본다. 레시피에는 당근을 볶고 있을 때 어디에도 간을 해야 한다는 말이 없어 동민은 "아 좀 이따가 양념 넣잖아. 그걸로 된 거 아니야?"라고 말하며 양념을 넣으란 지시가 없는 것에 나름의 해석을 한다. 수진이 뒤에 이어서 "아, 그런 가보다. 너무 짜니깐."이라고 말하며 동민의 마지막에 양념을 넣는 의견에 동의하는 반응을 보인다. 레시피의 정보 부족은 이처럼 동민과 수진의 자의적 해석의 폭을 넓힌다. 레시피에는 당근을 볶고 있을 때 간을 해야 한다는 말이 없었지만 어떤 사람은 모든 재료에 간을 할 수도 있고 모든 재료에 간을 하지 않을 수도 있고(마지막에 넣는 양념만으로 간이 된다는 입장), 또한 일부 재료에만 간을 할 수도 있는 등 다양한 방법으로 나타날 여지가 있다. 실제로 이 똑같은 레시피를 보고 자취방에서는 야채에 간을 하지 않고 마지막에 양념을 넣어주었고, 가정집에서는 각 야채마다 간을 하였다.

6. 대파를 넣는 순서가 바뀐 과정은 무엇일까?

수진: (당면 저으면서) 너무 약한 불인가?

동민: (냄비에 붙은 당면 떼어내면서)

　　　(프라이팬에) 들어가. 나는 음식물쓰레기 많은 거 싫단 말이야.

　　　빨리 들어가라고.

수진: 아까 여기(양념)에 참기름 넣었나?

동민: 참기름? 넣었어.

수진: 그럼 어떻게? 합쳐?

동민: 기다려. (레시피 확인한다.) 어 그냥 볶고 있어봐

수진: 면만?

동민: 어.

동민: (레시피 읽는다.) 먼저 볶고 그 다음에 양념장을 골고루 뿌린 뒤 시금치
　　　와 대파를 넣고 볶는다. 어, 대파를 마지막에 넣었어야 하네. 아, 괜찮아.
　　　뭐 똑같아.

　본 상황에서 수진과 동민은 모든 야채를 프라이팬에 넣고 볶고 있다. 그
리고 당면을 프라이팬에 넣은 후 수진은 동민에게 "그럼 어떻게? 합쳐?"
라고 하며 기존에 있던 야채와 새로 넣은 당면을 합치는지 묻는다. 동민은
"기다려."라고 하며 레시피를 한 번 확인한다. 동민이 레시피를 보며 수진
에게 읽어주는데 대파를 마지막에 넣었어야 하는 것을 뒤늦게 확인한다.
레시피의 8번에서는 대파를 마지막에 넣으라고 제시하고 있지만 동민은
이미 야채와 함께 넣어버린 대파를 분리시키지 않고 "아, 괜찮아. 뭐 똑같
아."라고 하며 그대로 요리를 진행한다.

　이러한 상황은 수진과 동민의 미숙함이 만든 실수의 상황일 지도 모른
다. 그럼에도 불구하고 이러한 방식은 레시피 활용에 관한 일반화된 논리
로 해석할 수 있을까? 앞서 휴리스틱 이론에 관한 논의에서 우리는 '주먹
구구식의 문제해결'이라는 표현을 사용하였다. 위 상황에서 대파의 순서
가 바뀐 것을 알았을 때, 문제를 해결할 수 있는 방법은 여러 가지가 있을
수 있다. 재료를 처음부터 다시 만들거나, 대파만 꺼내고 후에 다시 대파
를 썰어 넣는 방법 등과 같이 레시피에 맞추기 위한 수정의 방식은 다양하
다. 그런데 과연 그 방법이 더 옳은 방법이라고 할 수 있을까? 앞서 전개된
요리 상황들은 레시피가 과연 우리에게 얼마나 정확한 정보를 전달하고

있는 것인지, 우리는 그것을 얼마나 정확히 따르고 있는 것인지 반문하도록 만든다. 뿐만 아니라, 원론적으로 돌아가 잡채는 어떤 음식일까? 어떤 맛이 진짜 잡채일까?라는 질문 역시 문제해결의 방법이 과연 레시피의 순서를 정확히 따르는 것일지에 대해서도 다시금 생각하도록 만든다. 잡채의 맛이 하나가 아닌 것처럼 대파의 순서가 조금 바뀌는 것은 사실 잡채 만들기에 큰 문제가 아닐 수 있다. 이럴 경우 적당히 상황을 조율하는 방식은 어떠한 관점에서는 주먹구구식으로 보일지 몰라도 어떠한 관점에서는 가장 합리적인 방식일 수도 있을 것이다.

가정집에서의 잡채 만들기

1. 재료의 양이 달라진다면?

지호: 저는... 네. 양파 1/2개. 어, 이거 딱 1/2개.

수진: 오오오~ 하하.

지호: 1/2개보다 2/3개 같기는 한데.

정민: 근데 양파 더 써야할 거예요. 면을 많이 불렸어요.

지호: 으음.

정민: 여기. (지호에게 양파 어디 있는지 가리킴)

지호는 양파를 1/2개 쓴다고 하며 양파를 자른다. 레시피에는 양파를 1/2개 쓴다고 되어 있지만 정민은 레시피보다 면의 양을 많이 했기 때문에 양파의 양을 늘려야 한다고 말한다. 레시피의 설명에 따라 그대로 진행하기보다 레시피와 다른 맥락을 파악하고 그 맥락에 맞게 다른 상황도 바꿔서 진행하고 있는 것이다.

그런데 여기에서 한 가지 더 생각해보아야 할 것은 사실 양파의 크기는 모두 다르다는 것이다. 대체로 평균적인 크기의 양파가 있지 않냐고 생각하겠지만, 그것도 모호한 것은 사실이다. 위 상황에서도 1/2개라는 표현이 나오지만 두 사람 사이에도 그것이 1/2인지, 2/3인지 애매하게 느껴지는 상황이다. 아마도 1/2보다는 크게 보였을 것이고 정민은 어차피 좀더 많이 해도 된다는 의미로 면을 많이 불렸다고 보완 설명을 한다. 이처럼 실제 재료의 양은 계량도구를 사용하거나 비교적 수치화하여 제시한다고 하더라도 그 오차는 생겨나기 마련이다. 그렇기 때문에 레시피의 재료의 양은 사실상 참고하는 수준으로 활용될 뿐, 실제 재료의 양은 상황적 판단이 들어갈 수밖에 없는 것이다.

2. 시금치 데치는 과정은 어떻게 함께 만들어지는가?

지호: 이 정도면 괜찮겠죠? (시금치를 씻고 있다가 물을 끈다.)

정민: (마늘을 썰다가 지호쪽을 바라보고 다시 마늘을 썬다.)

지호: 시금치를... (레시피 확인한다.)

정민: 시금치 여기(냄비를 가리키면서)에다가 소금을, 굵은 소금을 여기에다 꺼내서 넣고.

지호: 굵은 소금이요?

정민: 한 숟가락.

지호: 굵은 소금이 있어요? (서랍을 열어보면서)

정민: 어, 없으면 그냥 소금해도 돼요. 굵은 소금 다 있을 텐데 .

(지호와 같이 찾아본다)

지호: (서랍을 확인하면서) 이런 저런거 있네.

정민: (굵은 소금이 담긴 병을 꺼내면서) 여기 여기.

본 상황은 잡채를 만드는 중에 시금치 데치기를 위한 준비 과정이다. 지호는 시금치를 씻은 후 물을 잠그면서 정민에게 '이 정도면 괜찮겠죠?'라고 묻는다. 묻고는 있지만 동작은 물을 잠그고 있다. 정민은 대답하지 않지만 지호의 행동에 눈길을 주고 다시 거두는 방식으로 그 정도면 된 것 같다는 의사를 전달한다. 중요한 것은 두 사람이 실제 의사소통을 적극적으로 하고 있지는 않지만 상호간의 전개 상황을 공유하고 있다는 점이다. 이것은 지호가 정민의 대답을 적극적으로 구하고 있지 않고, 정민 역시 대답을 하지 않음에도 불구하고 두 사람이 함께 요리를 하고 있다는 점을 보여주기에 충분한 상황이다.

다음 상황에서도 마찬가지로 이러한 상황 공유의 특성은 잘 드러난다. 지호가 다시 '시금치를…'이라고 혼잣말을 하는 듯 레시피를 들여다보지만 정민은 재빨리 상황을 파악하고 다음에 필요한 시금치 조리 과정을 레시피의 설명보다 직관적으로 이해가능하게 이야기한다. 지호는 이것을 듣고 정민이 무엇을 하라는 구체적인 지시를 하지 않았음에도 소금을 찾는 행위를 통해 정민의 설명을 지시로 받아들인다.

여기에서 한 가지 흥미로운 것은 앞선 자취방 상황과 가정집에서의 요리 상황에서 상호작용 방식이 다소 차이가 있다는 것이다. 자취방에서의 요리 상황이 보다 직설적이고 직접적인 방식이었다면 가정집에서의 상황은 자취방에서의 상황보다 우회적이고 간접적인 방식의 상호작용을 하고 있다. 이것은 두 상황이 갖는 관계의 차이에서 비롯된 것인데, 앞선 자취방의 상황이 동학년의 친근한 친구들 간의 요리상황이었다면 가정집의 상황은 선후배 간의 요리상황이라는 점이다. 이러한 맥락적 차이에도 불구하고 두 팀은 모두 요리를 '함께' 만들어가고 있다는 점에서는 동일하다. 다시 말해서, 두 사람 사이의 관계가 만드는 맥락의 차이가 상호작용 '방식'의 차이를 만들기는 하지만, 상호작용을 통해 요리 과정을 함께 만들어 간다는 점에서는 동일하다는 것이다. 즉, 상대방의 행위가 다음의 행위를 이끌고 또 다음 행위를 이끌어가는 상황의 전개 방식은 상호간의 행위에 어떠한 방식으로 개입을 하고 있는지 여부와는 무관하게 필연적인 상황적 특성으로 나타난다. 결국 두 사람의 조합은 요리의 과정과 결과를 만들어가는데 중요한 요인으로 작용하는 것이다.

3. 시금치를 삶는데 정확히 10초가 걸릴까?

수진: 어, 이거 10초.

지호: 10초 되지 않았을까요?

정민: 지났어요.

지호: 네. 지났어요.

정민: 이거 상태를 보고 꺼내야 하는거라서. 10초를 세는 게 아니라.

지호: 아. 10초는 대강 그냥.

본 상황에서 두 사람은 레시피에서 제시하고 있는 시금치를 데치는 시간인 10초가 지났음에도 시금치를 그대로 놔두고 있다. 수진이 처음에 "어, 이거(시금치) 10초."라고 하자 지호도 "10초 되지 않았을까요."라고 말하며 10초가 지났다는 것을 알린다. 그런데 정민은 시금치를 꺼내지 않고 "지났어요."라고만 말한다. 지호가 "네. 지났어요."라는 말을 통해 10초가 지났는데 시금치를 왜 안 꺼내냐고 우회적으로 말한다. 정민은 "이거(시금치) 상태를 보고 꺼내야 하는 거라서. 10초를 세는 게 아니라."라고 말한다. 여기서 정민은 레시피에서 정확히 제시한 '10초'에 연연하지 않고 시금치가 익은 상황에 따라 10초보다 더 걸릴 수도 있다는 것을 설명한다. 레시피에서는 시금치를 10초간 넣었다 꺼내야 한다고 했지만 실제로는 1분 25초가량 (11:50~13:15) 넣었다 꺼낸다. 이는 실제 상황이 레시피대로 이뤄지지 않는다는 점을 단적으로 보여준다. 지호 역시 "아. 10초는 대강 그냥."이라고 말하는데 대강이라는 표현을 통해 지호도 정확히 10초가 아닌 상황에 맞게 시금치를 꺼내야 한다는 것에 동의하고 있다는 표현을 한다.

4. 당근 1/3개를 6cm로 썰어라?

정민: (다하고 간다.) 이거를 반을 먼저 잘라요.

지호: (반 자른다.) 아.

정민: 어, 그렇게.

지호: (칼이 잘 안든다.) 원래 이렇게 잘 안되나?

정민: 아니, 네. 자르고.

지호: 또 이렇게 아닌가? (칼 써는 시늉을 함)

정민: 아니, 잠시만요. (칼 가져감)

정민: 얘를 반 하시면.

지호: 그냥 제가 하는 것 보고 따라할게요.

정민: 어, 맞아. 이거(남은 것)로 하면 (될 것 같아요.)

지호: 네.

(중략: 칼이 잘 들지 않아 칼을 교체한다.)

지호: (정민이 당근 채써는 것을 본다.)

정민: 이게 약간 이정도 두께면 되거든요?

지호: 아.

정민: 너무 얇게가 아니라 이 정도 두께. 그래가지고 얘를 다시 그냥 이렇게 자르면 돼요. 너무 두껍지만 않으면 돼서.

위 상황은 정민이 지호에게 당근 써는 방법을 설명해주는 상황이다. 레시피에는 당근 1/3개를 6cm로 썰라고 되어 있지만 지호는 어떻게 해야할지 모르고 정민의 설명만 기다리고 있다. 정민이 먼저 지호에게 "이거를 반을 먼저 잘라요."라고 말한다. 지호는 정민의 말을 듣고 반을 자른다. 정민은 지호의 행동에 "어, 그렇게."라고 하며 긍정하는 반응을 보인다. 그렇지만 잠시 후에 정민이 "아니, 잠시만요."라고 하며 지호의 행동을 중지시키고 지호가 사용하던 칼을 가져가서 "얘를 반 하시면."이라고 하며 직접 당근을 써는 모습을 보여준다. 지호는 "그냥 제가 하는 것 보고 따라할게요."라고 하며 정민의 행동을 유심히 관찰하고 있다. 정민이 지호에게 당근 써는 방법을 설명해주고 지호는 정민의 말을 듣고 행동하며 정민이 직접 당근을 써는 모습을 본다.

이 상황은 레시피와 정민의 말, 즉 언어가 담고 있는 모호함이 어떻게 행위로 구현되는가를 잘 보여준다. 레시피에서는 당근 써는 방법에 대해서 단지 6cm라는 정보만을 제시하고 있다. 또한 정민 역시 처음에는 반을 자르라는 정도로 당근 써는 법을 설명한다. 아마도 레시피 제작을 한 사람과 정민은 일반적으로 충분한 설명 없이도 잡채에 들어가는 당근의 굵기가 어느 정도인지 알고 있을 것이라고 판단했다고 보여진다. 그래서 굵기에 대한 설명 없이도 지호가 당근을 썰 수 있을 것이라고 생각한 것이다. 그런데 지호의 행동을 통해 그렇지 않을 수 있음을 파악한 정민은 재빨리 행동을 통해 지호가 썰어야 하는 당근의 굵기와 길이의 정보를 함께 제공한다.

이와 같이 언어는 그것이 가진 추상성과 모호성으로 인하여 정보를 명료하게 담아내기 어렵다. 따라서 언어가 자연스럽게 행위로 이어지기에는 생략된 정보들이 존재하는 것이다. 그것이 아무리 구체화된 정보일지라도 언어와 행동에는 간극이 생길 수밖에 없는 이유이다. 결국 이러한 생략된 정보는 행위자의 상상과 맥락적 조율을 통해 메꿔질 수밖에 없는 것이다. 이러한 상상의 영역은 결국 요리의 맛과 모양의 차이를 만들고, 이러한 차이가 개성과 다양성을 만들어내는 원천이 되곤 한다.

5. 소금과 후추를 얼마나 넣어야 잘 넣은 걸까?

(1)

지호: (시금치에 소금간 하며) 이 정도면 되겠지? 아니, 조금만 더?

정민: 조금만 더! 어....... 됐어요, 됐어요. 그리고 이제 손 깨끗이 씻고 무치면
　　　돼요.

지호: 네.

(2)

정민: (중략) 아... 후추가 뭐예요?

지호: 아 후추? 이런 거 있는데.

정민: 이거 어떻게 쓰는지 모르는데.

지호: 통후추. 이거 얼마나 넣을까요? 그냥....(후추를 넣는다) (27:31~27:35 약 4초)

지호: 손에 더 많이 묻은 거 같지 않아요? 좀 더 넣을까?

정민: 이게 뭐야.

정민: 이런 후추를 써본 적이 없어서 얼마나 넣어야 할지 모르겠네.

지호: 통후춘데... 뭐 상관없지 않을까요?

정민: 얼만큼이 나왔는지 난 모르겠어.

지호: (후추를 더 넣는다.) 아우, 미끄러워.

정민: 된 거 같아요. 된 거 같아요. (버섯 볶는다.) (27:49~27:55 약 6초)

(1)은 지호가 시금치에 소금간을 하면서 정민과 시금치에 들어갈 소금의 양을 조율하는 과정이다. 지호는 시금치에 소금간을 하면서 "이 정도면 되겠지? 아니, 조금만 더?"라는 말을 통해서 정민에게 소금의 양을 확인 받고 싶어한다. 이에 정민은 "조금만 더!" 그리고 마지막으로 "됐어요, 됐어요."라는 말을 통해 지호의 소금 뿌리는 행위를 함께 조절해 나간다.

(2)의 상황 역시 볶고 있는 버섯에 후추를 얼마나 뿌려야 할지 지호와 정민이 조율하는 과정이다. 지호는 글라인더가 달린 후추통을 보고 낯설어 하는 정민에게 설명 대신 직접 후추를 넣는 방식으로 사용법을 보여준다. 그리고 소금의 양과 마찬가지로 지호는 "얼마나 넣을까요?"라는 질문으로 소금의 양을 정민이 조절해주기를 요청한다. 이후 후추를 조금 넣은 후 지호는 "좀 더 넣을까?"라고 말하면서 정민의 도움을 지속적으로 요청

하는데, 이것은 레시피에 제시된 양을 조절하는 것에 대한 어려움에서 비롯된 것으로 보여진다.

두 상황은 공통적으로 요리상황에서 계량을 하며 재료를 넣는 과정이다. 특히 소금, 후추와 같은 재료의 양은 아주 적은 양이라 그 양을 수치화하기에 어려움이 있다. 실제로 레시피에서도 "소금 한 자밤"이라고 쓰여 있어 그것을 구체화하는 것에는 상당한 감(sense)이 요구되는 상황이다. "한 자밤"이라는 단위는 구체적인 수치로 정해지지 않은 계량 단위이며 설사 정해졌다 해도 사람이 그 수치에 정확하게 맞출 수는 없을 것이다. 만에 하나 맞춘다고 해도 항상 "한 자밤"을 똑같은 수치에 맞춰서 요리를 하는 상황은 일어나지 않을 것이다. 결국 요리 상황에서의 계량은 '어림값'으로 존재하기 때문에 상황적 판단에 의존할 수밖에 없는 측면이 존재한다. 지호와 정민은 '한 자밤'이라는 단위를 눈대중으로 찾아나가고 있는 듯 보인다. 공중에 흩어진 소금과 후추, 음식에 떨어지는 순간 녹아버리는 양념의 특성상 눈으로 양을 파악한다는 것은 불가능에 가깝다. 아마도 정민은 이전에 요리를 해본 경험, 혹은 소금과 후추를 뿌려본 경험들에 미루어 대략적인 양을 가늠했다고 보여진다.

6. 계량도구와 단위는 어떻게 달라지는가?

지호: 레시피에는 없는데 저거 어떻게 하라구요?

정민: 설탕 한 숟가락, 간장 두 숟가락.

지호: 한 숟가락 하면 그냥 이거 큰술로...?

정민: 응응. 그냥 1:2비율만 되면 돼요.

지호: 간장은 뭐 넣을까요? 양조로?

정민: 네. 양조로 넣으면 돼요.

지호: 그런 다음 어떻게 하나요?

정민: 그러고... 잠시만요. (당근, 양파 볶는 거에 소금을 넣는다.)

지호: 당면 삶을 때 넣나요?

정민: 응. 당면 삶을 때...

정민: (대파를 넣고 손가락으로 후라이팬을 가리키며) 이거... 좀 섞어주실
래요?

앗, 뜨거! 이거 좀 섞어주세요. 제가 당면...

지호: 네네. (양념을 섞던 행동을 멈춤)

정민: (지호가 섞던 숟가락을 잡으며) 어, 이대로 놔두고.

이 상황은 지호가 잡채에 들어갈 양념을 만들고 있고 정민은 당근과 양
파를 볶고 있는 상황이다. 이 둘의 대화는 레시피와는 다른 양념장을 만드
는 방법에 대해 대화를 주고받는 방식으로 이어진다. 실제 레시피에는
'※양념장: 양조간장 2.5큰술, 설탕 2작은술, 다진 마늘 1/2큰술, 참기름
1/2큰술'으로 제시되어 있지만 재료의 양이 달라지면서 정민은 양념장의
양을 임의로 조절해야겠다고 판단한다.

잡채 양념을 만드는 방법을 물어보는 지호의 질문에 정민은 선반에서
종지그릇을 내려주며 "설탕 한 숟가락, 간장 두 숟가락"이라고 말한다. 그
러자 지호는 수저통에서 숟가락을 들며 "한 숟가락 하면 그냥 이거 큰술
로...?"라고 말하며 손에 든 숟가락을 들어 올렸다 내리는 행위를 한다. 레
시피에 '큰술', '작은술'의 표현이 어떤 단위인지 밥숟가락과 비교하며 정
민에게 묻고 있다. 실제 큰술의 양과 밥숟가락의 양이 결코 같지 않음에도

불구하고 정민은 "응응. 그냥 1:2비율만 되면 돼요."라고 대답하며 둘은 큰술이라는 계량 단위를 일반적으로 식사할 때 쓰는 숟가락 단위 정도로 생각하자고 합의를 본다. 이러한 상황은 앞선 요리 상황에서도 종종 등장한다. 당근의 길이를 6cm로 자르도록 되어있는 레시피의 내용 역시 정민은 눈대중으로 적당히 자르며 자신이 자른 크기를 표본으로 활용하여 자를 것을 요청한다. 이러한 방식은 요리 상황에서 얼마나 많은 측정 방식들이 주변의 손에 잡히는 도구들을 활용하여 주먹구구식으로 결정되는지를 잘 보여준다.

주먹구구식 문제해결, 합리성에 대한 재이해

앞서 제시한 자취방과 가정집의 요리상황은 도구가 얼마나 잘 갖추어졌는지, 그렇지 않은지 여부와 상관없이 레시피의 많은 부분을 맥락적으로 이해하고 변용하며 활용하고 있음을 보여준다. 요리 상황은 그 어떤 상황도 계획한 바대로 오차나 실수 없이 진행될 수 있는 진공의 실험 상태가 아니다(물론 실험 상황이라 해도 별반 다르지 않을 것이라 생각되지만). 나를 둘러싼 세상을 모두 통제해 나갈 수 없는 인간 능력의 한계는 결국 휴리스틱이라는 문제해결의 방식 없이는 앞으로 나아갈 수 없는 필연성을 갖는다. 그것은 결코 비합리적인 주먹구구식 임기응변이 아니다. 도리어 비합리성이라 여기는 그러한 문제해결의 방식들은 우리가 합리적이라 여기는 수많은 것들을 유지시켜주는 주춧돌이 되고 있다. 그렇다면 지금껏 우리가 합리적 세계로 여겼던 수많은 세상은 일상의 사소한 경험들의 또다른 해석일 수도 있지 않을까? 여기에서 요리의 상황은 그동안 놓치고 있었던 일상의 작지만 중요한 순간들을 다시금 생각해보도록 해준다.

▌ 참고문헌

1. 손민호 · 조현영(2014). 민속방법론. 학지사.
2. 양영선(1994). 문제해결 상황을 위한 학습전략으로서의 유추. 한국교육공학회. 한국교육공학회.
3. 김익수 · 류창열(2015). 공업계 고등학교에서의 문제해결식 실기수업 모형. 대한공업교육학회.
4. 김진섭(2010). 초등학교 학생의 창의적 문제해결 과정과 교사의 지도에 따른 변화. 한국실과교육학회.
5. 유진선 · 이승영(2015). 휴리스틱 체계적 모델을 통한 관광행동의 이해. 관광종합연구소. 경기대학교.

4... 공감과 소통의 방법:
일상의 대화 속 공감과 소통의 노하우

놀이로서의 대화

사람들은 누군가와 이야기를 나누고 시간을 보내는 것을 좋아하지만 때론 그러한 상호작용 상황이 어렵고 부담스럽게 느껴지기도 한다. 사람 만나기를 좋아하는 사람들은 대체로 함께 이야기를 주고받고 거기에서 의미를 발견하는 것을 즐긴다. 반면, 사람들과의 관계맺기에 어려움을 느끼는 사람들은 대화를 이어나가기 힘들다거나 만남에서 특별한 의미를 발견하지 못하기 때문일 것이다.

이야기를 주고 받고 의미를 발견한다는 것은 결국 상대방과 소통하고 공감을 경험하는 것이다. 공감과 소통은 관계에서 깊은 정서적 유대감을 만들고 안정감을 주며 이는 사람들이 일상을 살아가는 데 힘을 준다. 과거

보다 피상적인 관계맺음이 많아진 우리의 삶은 예전보다 불안해졌으며 극복방법 또한 다양해지고 있다. 이처럼 공감과 소통의 문제는 복잡하고 불확실한 시대를 살아가는 바쁜 현대인들에게 또 다른 과제가 되고 있다.

　어떤 대화가 사람들에게 안정감을 주는 것일까? 정서적인 지지를 얻고 공감과 소통을 경험하는 대화는 어떠한 특징을 가질까? 결론부터 이야기하자면, 누군가에게 의미있는 대화란 그 안에서 자기 스스로를 발견하는 과정이 포함될 때 가능하다. 타자와의 상호작용 과정에서 공감과 소통을 경험한다는 것은 상호간의 배려를 통해 서로의 생각을 정교하게 맞추어 나가는 과정을 의미한다. 즉, 공감적 행위란 나를 둘러싼 바깥 세상의 질서와 내가 맞아 떨어지는 경험이 될 때 가능하다는 것이다. 이것은 나만의 세상 속에 존재하는 나를 세상의 질서에 맞추어 봄으로써 타인과 하나의 세상에 공존하는 순간을 의미한다. 그 과정은 결코 타인으로 하여금 나에 대한 일방적 지지를 끌어내는 것이 아닌, 나의 존재를 타인에게 이해가능한 방식으로 드러내고 납득시키는 과정이 되어야 한다. 따라서 자연스럽게 타인을 인정하고 존중할 줄 아는 유연함과 함께 자신을 인지하고 이해하는 과정이 동반된다. 결국 공감과 소통의 대화 과정은 타인을 이해하는 동시에 나를 가꾸고 다듬는 자기 연마의 시간을 함축한다.

　타인과의 대화 기술은 말의 의미를 정확하게 이해하고 그에 적절히 대응하는 기술이나 노하우가 아니다. 어쩌면 그보다는 나와 세상의 이치를 견주어가며 자신을 찾아가는 모험의 과정일지 모른다. 이 과정에서 나의 세계와 세상이 맞아 떨어질 때 느껴지는 희열과 안정감은 대화의 시간 그 자체를 하나의 '놀이'로 즐기도록 만든다. 이러한 인간의 상호작용의 특성에 대해 요한하위징아는 유희하는 인간, 비트겐슈타인은 언어게임의 개념을 통해 이야기한바 있다. 인간은 놀이를 추구하는 본성을 지닌 존재이며 인간의 언어는 곧 게임과 같다는 것이다. 요한하위징아는 인간을 유희하는 존재로 규정하며 아무런 구속과 제약없이 놀이에 참여하기를 추구하는 인간의 특성을 설명하고자 하였다. 요한하위징아에게 문명은 사람들의 놀이를 추구하는 본성과 그 자체를 즐기는 과정이었다. 비트겐슈타인 역시 인간의 상호작용을 게임에 비유한다. 즉, 게임에는 항상 규칙이 존재하는데, 이때 규칙이란 게임의 시작에서부터 고정되는 것이 아니라 게임을 원활하게 하고 이를 즐기기 위해 참여자들이 그 과정 속에서 만들어간다는 것이다. 비트겐슈타인은 이와 마찬가지로 언어 역시 그 자체가 고정된 의미를 지니는 것이 아니라 대화에 참여한 사람들의 사용에 따라 정의되는 것이라고 보았다. 이들은 사람들이 놀이와 언어를 수단으로서 활용하는 것이 아닌 사람들과 관계 맺는 그 자체를 즐기는 과정이라는 점을 설명하고자 했다.

여기에서는 이러한 관점에 더해, 우리가 주고받는 일상의 두 가지 대화 상황을 통해 대화가 얼마나 '그 자체'로 놀이가 될 수 있는지, 그리고 그것이 결국은 공감과 소통을 기반으로 하는 상호작용의 과정이라는 것을 보여줄 것이다. 첫 번째, 영재와 승엽의 대화 상황은 두 친구 사이의 대화에서 보여지는 '상황 모면'과 '순간대처능력'이 얼마나 공감과 배려를 전제로 한 것인지, 그리고 그 공감과 배려는 어디서부터 발휘되는 것인지를 살펴볼 것이다. 두 번째 상황은 이모와 어린 조카의 대화인데, 여기에서는 서로의 나이와 관심사가 다른 두 사람이 함께 소통하고 공감하는 것이 어떻게 가능한지, 그들이 어떻게 공유하는 맥락을 만들어내는지를 살펴볼 것이다. 두 상황은 대화란 결코 일방의 노력이 아닌 상호간의 애씀이 오고

가는 정서적 유대의 과정이며 이러한 정서가 결국 그들의 대화가 이어질 수 있도록 하는 공감과 소통의 행위 그 자체로서 의미를 갖게 된다는 것을 보여줄 것이다.

관찰의 상황과 자료의 수집

제시된 두 가지 대화 상황은 대화에 등장하는 인물들이 직접 녹취한 대화 상황의 일부를 발췌하고 분석한 자료이다. 녹취 상황은 함께 대화를 나누는 사람들에게 사전에 안내되었다. 물론 등장인물들이 녹취 상황임을 의식하고 다소 정제된 어휘와 태도를 취할 수 있다는 한계는 있지만 대화의 상황이 특별한 목적을 둔 대화가 아니라 매우 일상적이라는 점에서 이러한 제한점이 대화에 큰 영향을 미치지는 않았을 것이라고 전제한다. 분석한 대화는 녹취하여 전사한 대화 가운데 일부를 분석한 것이다.

첫 번째 대화에 등장하는 등장인물 중에서 나(영재)는 대학교 3학년에 재학 중이고, 이승엽 학우(이하, 승엽) 역시 같은 대학교 같은 과 동학년에 재학 중이다. 다음 상황은 기말고사를 앞둔 6월 초, 오후 11시부터 11시 20분까지 이루어진 대화로 장소는 대학교 기숙사 앞 국수를 파는 간이 포장마차이다. 영재는 매주 월, 수, 금요일에 학원에 출근하여 11시에 학교에 도착하는데 배가 고파 승엽에게 국수를 먹자고 연락하지만 승엽이 이번 학기 들어 매번 답장을 늦게 하여 이번 학기에 둘은 함께 국수를 먹은 적이 단 한 번도 없다. 이 날 역시 영재는 승엽에게 별 다른 기대 없이 국수를 먹자고 연락을 했는데 어쩐 일로 승엽이 바로 연락을 받아 국수를 먹게 된 상황이다.

두 번째 대화 사례는 이모(지현)와 조카(세린)의 대화 상황이다. '지현'은 24세의 여성이고 '세린'은 4세의 유아이며 지현의 사촌 조카이다. 둘은 일주일에 3번 이상 만나고 있으며 이러한 만남은 1년 이상 지속되어 왔다. 세린의 부모님은 맞벌이기 때문에 보통 지현의 어머니가 세린을 아침에 어린이집에 데려다 주지만 지현이 이를 대신할 때도 있다. 세린은 지현에게 '이모'라고 부른다. 세린의 집은 지현의 아파트 바로 앞 동이며, 걸어서 1분 거리에 위치하고 있다. 대화 상황에서 두 인물은 세린의 집에 있으며 대화 시간은 아침 10시경이다. 이 날은 세린이의 어린이집이 쉬는 날로 지현이 세린을 돌보기로 한 날이다.

각각의 대화 분석은 지난할 정도로 미시적인 대화 맥락의 설명이다. 이러한 분석 방식은 여기에서 보여주고자 하는 대화의 기술이 갖는 특징에 천착하기 위한 방식이다. 사람들은 서로 간에 공유하는 대화의 맥락을 더욱 함축적으로 공유하며 상호작용할 때 보다 깊은 친밀함을 경험한다. 또한 의도적으로 그것을 주고받고자 대화를 이어나가곤 한다. 본 대화 분석의 목적은 사람들의 대화의 기술, 공감과 소통이 어떻게 일어나는지를 살펴보는 것에 있다. 이러한 작업은 사람들이 그들의 대화 맥락을 어떻게 공감의 영역으로 만들어 가는지, 그 맥락적 질서를 구체적으로 파악해가는 방식이 될 것이다.

친구와의 대화

영재와 승엽은 같은 학교, 같은 학과 3학년에 재학 중인 학생이다. 국수를 먹기 위해 만난 영재와 승엽은 포장마차에 들어가 주문을 마치고 음식을 받아 자리에 앉는다.

영재: 아이고, 식사나 합시다.

승엽: 아, 배고파. 나 진짜 배고파가지고 라면 끓여먹을까 했는데 딱 카톡 와가지고...

영재: 이럴 때만, 지가 배고플 때만 연락 잘 받는다니까 하여간 진짜.

승엽: (손사래를 치며 웃음)

영재: 지가 배 안고플 땐 죽어도 연락 안 받아요. 진짜.

승엽: 아우, 아니야.

영재: 됐어. 빼도 박도 못하게 열두시에 카톡 받더만 맨날.

승엽: (손사래를 치며 웃음) 아니야, 진짜.

영재: 진짜 사람이 그렇게 사는거 아니다. 진짜.

승엽: (손사래를 치며 웃음) 어우, 마침 배고팠는데 다행이네요.

영재: 아오, 진짜 입이나 없으면.

승엽: 아, 오늘 아침 긱사(기숙사)에서 간식이라고 라면 줬거든. 어우, 그래서 오늘 올라가서 먹을라고...

영재: 당직라면이야?

승엽: 아이, 이거 시험기간일 때, 라면 한 세 개씩 줘. 개인당.

영재: 다음 학기 기숙사나 살까.

대화를 살펴보면 둘 사이가 얼마나 친밀한지 단박에 알아차릴 수 있다. 대화에서 영재의 '이럴 때만, 지가 배고플 때만 연락 잘 받는다니까 하여간 진짜.' 혹은 '됐어. 빼도 박도 못하게 열두시에 카톡 받더만 맨날.'이라는 말을 통해 영재와 승엽 간에 이미 몇 차례 같은 일이 반복됐음을 알 수 있다. 실제로 승엽은 지난해 같은 기숙사에 거주하면서 영재가 국수를 먹자고 제안할 때 빠른 시간에 답장을 하며 거의 거절하지 않았었다. 그러나 그 해 1학기에 들어서 영재는 승엽에게 국수를 먹자고 몇 차례 제안하였지만 승엽은 연락을 바로 받지 않고 자신의 기숙사 통금 시간인 12시 이후에 연락을 받아 영재는 매번 국수를 먹을 수 없었다. 이에 영재는 승엽에게 짜증이 난 상태로 이야기를 하는데, 승엽은 영재의 이러한 반응에 손사래를 치며 웃는다.

웃는다는 것은 보통은 재미있거나 즐거운 일이 생겼을 때 보이는 표현이다. 그러나 승엽은 자칫하면 다툼으로 번질 수 있는 상황에서 '웃음'을 보이는데, 이는 상황을 모면하기 위한 승엽의 센스있는 반응이다. 승엽 역시 이전에 자신이 거절을 했던 상황을 인지하고 있었고, 이를 적절히 모면하기 위한 방식으로 '손사래를 치며 웃는' 행위를 통해 완곡하게 영재의 의견을 부인하며 분위기를 부드럽게 만들고 있다. 게다가 승엽은 영재의 '진짜 사람이 그렇게 사는거 아니다. 진짜.'라는 말에 손사래를 치면서 '어우, 마침 배고팠는데 다행이네요.'라고 능청스럽게 답한다. 이런 말과 답변의 방식은 영재와 승엽이 그동안 여러 차례 함께 밥을 먹고 같은 학교, 같은 학과에서 수업을 들으며 친밀감을 쌓아왔었을 것이라는 점을 예측할 수 있도록 한다.

이어진 대화에서 승엽은 다시 한 번 센스있게 상황을 넘긴다. 영재가

'아오, 진짜 입이나 없으면.'이라는 말로 승엽에게 불만을 표하는 상황에서 승엽은 간식으로 라면이 나왔다는 전혀 다른 이야기를 꺼낸다. 그리고 뜻밖에도 영재는 승엽의 말에 '당직라면이야?'라고 답변하며 갑작스럽게 전환된 대화 주제에 바로 대응한다. 승엽의 라면 언급은 다소 갑작스럽지만 영재와 승엽, 둘이 공유하고 있는 상황을 전제로 한다면 이는 '미안해.'라는 말보다 오히려 자연스러운 상황일 수 있다. 여기에 영재의 '당직라면'이라는 반응도 둘 사이의 관계를 잘 보여줌과 동시에 순발력 있게 상황을 대처하는 노련함을 보여준다. 예컨대, 당직라면은 군대에서 당직 근무를 서는 병사나 간부에게 주는 야식으로, '학교'라는 공간을 고려한다면 어울리지 않는 단어이다. 그런데 승엽은 이를 이상하게 여기지 않고, 시험 기간일 때 주는 라면이라고 답한다. 영재와 승엽이 생뚱맞은 '당직라면'이라는 표현에 대화를 이어갈 수 있던 이유는 영재와 승엽이 군 생활을 하며 당직에 대해 알고 있었고, 따라서 당직라면에 대한 맥락을 공유하고 있기 때문이다.

이처럼 대화의 기술은 적당한 눈치와 센스의 발휘를 통해 가능하다. 그런데 여기에서 '눈치와 센스'는 서로 공유 가능한 이야기를 얼마나 적재적소에 활용하느냐에 따라 문제가 된다. 승엽에 대한 서운함으로 시작된 두 사람의 대화는 둘 사이의 공유된 이야기 소재를 통해 친밀함을 상기시키고 다시 관계의 회복을 자연스럽게 이루어낸다.

영재: 연애 언제할 거야? 진짜.
승엽: 이번 학기 끝나고, 하하하.
영재: 하하하, 생각한다고 돼?

승엽: 하하하하하.

영재: 아니. 생각한다고 되는거야?

승엽: 아니, 지금 거기까지 생각을 못하겠어. 너무 쫌 내 앞가림도 못하겠어.

영재: 넌 뭐 연애 동면 수준이 아니라 연애 냉동인간 수준이야 진짜 이건.

승엽: 하하하하하, 어우 맛있네.

영재: 맛있네.

영재는 국수를 먹으며 오랫동안 연애를 하지 않고 있는 승엽에게 연애를 언제 할 거냐며 놀린다. 승엽은 영재의 놀림에 '하하하'라고 웃으며 상황을 모면하려 하는데 여기서의 승엽의 웃음은 첫 만남의 상황에서와 마찬가지로 즐겁거나 재미있음을 드러내는 표현만은 아닐 것이다. 승엽은 피하고 싶은 대화의 주제에서 빨리 벗어나기 위해 '하하하하하'라는 멋쩍은 웃음으로 대화 상황을 회피하고 있다. 그러나 승엽의 이러한 반응에도 영재의 놀림은 이어졌고, 이에 승엽은 '하하하하하, 어우 맛있네.'라고 말하며 다시 한 번 적극적으로 대화 주제를 전환하려고 하고 있다. 영재도 더 이상 승엽을 놀리지 않고 '맛있네.'라는 말로 주제를 전환시키는 데 암묵적으로 합의한다.

사실 위 대화 상황을 면밀히 살펴보면 대화의 흐름이 내용적으로 논리적이지 않다. 그렇지만 이러한 방식은 우리의 일상 대화 상황에서 빈번히 드러나는 모습이다. 만약 앞선 상황에서 영재가 승엽의 회피 신호를 알지 못했다거나, 혹은 알더라도 모른 척 계속 자신의 이야기만 했다면 대화는 전혀 다른 방향으로 전개되었을 것이다. 영재는 승엽이 멋쩍게 웃고, 음식이 맛있다는 등 전혀 다른 대화 소재를 꺼내는 모습에서 지금의 대화주제를 다소 불편해 하고 있음을 감지했을 것이다. 따라서 '맛있네.'라는 표현으로 승엽이 바꾸고자 했던 대화 주제에 동조한다. 이렇게 대화 과정에서 두 사람은 상대의 표정과 반응, 대화의 흐름을 통해 미묘한 정서적 교류를 주고받는다. 그리고 이에 눈치껏 반응함으로써 대화는 언쟁이나 충돌 없이 흘러가게 된다. 이는 세 번째 영재와 승엽의 대화 상황을 통해서 다시 한 번 살펴볼 수 있다.

승엽: 교연방 오늘까지 해가지고… 진짜 메일 보내봐.

영재: 나 그럴라고.

승엽: 아니, 진짜 열일곱 명이잖아. 열일곱 명인데 20명 미만이면, A 쫌 늘려 줄 거 아냐. C+ 줄거 아냐.

영재: 아니, 근데 내가 봤을 땐 그럴 가능성이 없어.

승엽: 왜 교수님이 딱딱 주실라나?

영재: 아니, 근데 난 내가 아무리 봐도 C+이야.

승엽: 아니, 근데 그렇게 하면 C+ 세네 명이야 진짜.

영재: 일단 내가 너무 많이 빠졌어. 물론 내 자의가 아니긴 했지만.

승엽: 아니, 근데 그거 결석 아니잖아.

영재: 아니 아니. 근데 그동안 못 들었잖아 나는.

승엽: 근데 딱히 들어도… 달라질 것 없을 거 같은데.

영재: 아이 그래도 앉아서 듣는 게…

승엽: 아니, 진짜 세 명만 이겨보자. 세 명만 진짜 쫌 이겨보자. 세 명은 이기겠지, 세 명만 이기면 C+은 안 나와 진짜.

영재: 아니, 근데 열일곱인데 343이면.

승엽: 아니, 근데 열일곱인데 343이면 근데 그때 A 비율 40한다 좀 조절 가능
하다고.

영재: 아닐걸.

승엽: 아 근데 나 그랬어. 저번 학기 성인학습 및 상담 열네 명인데 교수가 442
로 준다고 했어.

영재: 무슨 축구냐.

승엽: 하하하, 아니 근데 442로 준다고 했어. 그래서 C+만 면하자 했는데 딱
B+나오더라고.

영재: 야, 442면 나는 내가 봤을 땐 최전방 공격수야. 그냥 2야 내가.

승엽: 하하하, 아니야, 모르는거지.

영재와 승엽은 '교육연구방법론(교연방)' 수업을 들으며 레포트 제출을
제때 하지 못해 성적을 걱정하고 있다. 두 사람은 해당 과목에서 낮은 학
점인 C+를 받을까 걱정하면서 '343'이라는 표현을 사용한다. 여기서의
343은 앞선 대화 맥락을 바탕으로 살펴보면 (A: 30%, B: 40%, C: 30%)과 같은
학점부여비율을 의미한다. 두 사람의 상황을 모르는 제3자의 입장에서 들
으면 이는 영재의 말처럼 축구 대형처럼 들리기도 하지만 두 사람은 대화
를 나누며 이를 당연히 학점부여비율로 이해한다. 뒤이어 승엽의 '442'라
는 표현에서도 마찬가지이다. 여기에는 영재가 앞에 붙인 "열일곱인데"
라는 말이 단서가 되기도 하지만, '대학생'으로서 학점반영비율을 매우
잘 알고 있었고, 무엇보다도 두 사람이 교육연구방법론 과목의 성적 부여
라는 대화 맥락을 공유하고 있다는 점이 대화 전개에 이해를 돕는 데 결정
적인 역할을 한다.

영재는 승엽의 '442'라는 표현에 이번에는 직접적으로 축구 상황을 적용한다. 그리고 '야, 442면 나는 내가 봤을 때는 최전방 공격수야. 그냥 2야 내가.'를 통해 축구 대형에 자신을 대입해보기까지 한다. 여기서 영재의 '442'는 승엽이 말한 '442'와는 동음이의어(同音異議語)로, 자신이 C+ 즉, 20%에 속할 것이라는 의미를 담아 학점부여비율과 축구대형을 절묘하게 빗대어 대화를 전개해 나간다. 승엽은 이를 단번에 이해하고 '하하하, 아니야, 모르는거지.'라고 답한다. 이처럼 영재와 승엽은 다소 엉뚱한 소재를 끌어와 대화를 하고 있는데, 이는 서로 전달하고자 하는 의도를 효율적이면서 위트있게 전개해 나갈 수 있도록 하는 역할을 한다. 또한 이러한 대화 방식은 두 사람 사이에서 흥미있게 공유 가능한 이야기들을 적극적으로 활용한 방식이라고 볼 수 있다. 다음 상황은 상황 3의 학점부여비율에 대한 이야기가 끝나고 약간의 침묵 이후 이루어진 대화 상황이다.

승엽: 우린 진짜 마인드가 글러먹었어. 진짜.

영재: 매 학기마다 새로운 다짐을 하지. 하지만 바뀌는 건 없지.

승엽: 아니, 매학기 앞에 있을 생각을 해야 하는데 뒤에만 안 있을 생각을 하니까 지금 맨날 이런 식으로 되는 거 같아.

영재: 그래도 다음 주 목요일 그거가 저번에 잘 본 그거라.

승엽: 아, 그거? 못해도 B+.

영재와 승엽의 대화에서 또 한가지 주목할 것은 지시어 사용에 관한 것이다. 대화 상황에서 무심코 사용하는 지시어는 상호간의 공감 상황을 들여다보는데 매우 적절할 수 있기 때문이다. 영재는 승엽에게 '그래도 다음 주 목요일 그거가 저번에 잘 본 그거라'라고 말하고 있다. 사실 '그거'라는 지시대명사가 가리킬 수 있는 대상은 무한하기 때문에 영재가 말한 '그거'가 무엇인지 알아차리기는 매우 어렵다. 그렇지만 승엽은 '아, 그거? 못해도 B+'이라며 영재의 말을 이해한 듯 대답하는데, 이처럼 지시대명사가 지칭하는 것이 불분명함에도 이를 이해하고 영재와 승엽이 대화를 이어간다. 이것이 가능한 이유는 앞서 세 번째 대화 상황과 같이 서로의 상황을 상당 부분 공유하고 있었기 때문일 것이다.

실제로 영재와 승엽은 매주 화요일 각자의 부전공과 복수전공 수업을 듣기 위해 교육연구방법론 수업이 끝나기 전 함께 강의실을 나선다. 영재와 승엽은 각자의 수업으로 이동하면서 자신이 들으러 가는 수업에 대한 이야기를 나누곤 했다. 이를 통해 영재와 승엽은 서로의 부전공, 복수전공 중간고사 점수를 알고 있었고, 승엽은 영재의 부전공 수업이 화요일과 목요일로 나뉘어 진행된다는 것 역시 알고 있었다. 따라서 영재가 '다음 주 목요일 그거가 저번에 잘 본 그거라'라고 말했을 때, 승엽은 영재의 지난번 이야기를 떠올렸고, 무엇을 지칭하는지 단번에 알았다. 여기서 지시대명사가 무한한 대상을 가리키는 역할을 하기도 하지만, 한편으로는 친근함의 지표가 되어 대화의 또 다른 윤활제 역할을 하게 된다.

지금까지 영재와 승엽의 대화에서는 그들의 대화 전개 방식을 통해 어떻게 서로가 친근함을 드러내고 이를 유지해나가는지 몇 가지 특징들을 중심으로 살펴보았다. 어색한 대화 상황을 모면하거나, 관심사를 공유하기 위하여 대화를 이어나가는 방식에서 이들은 서로가 공유하는 맥락을 적극적으로 끌어와 대화 상황에 녹여내거나 적절히 상대의 의도를 파악하여 맥락을 미루어 짐작하기도 하면서 대화의 흐름을 유지하기 위한 노력을 해나가고 있었다. 이들의 대화 속에서 매순간의 발화와 상대의 반응은 서로가 기대하는 상호간의 관계성을 지향하는 방식으로 매우 정교하게 조율되며 공유되어 간다. 그런데 흥미로운 사실은 사람들의 대화에서 이러한 행위 방식들이 결코 상호작용의 주변적 특성이 아니라는 점이다. 사람들은 이러한 행위의 방식을 통해 관계를 유지시키고 발전시키며 때론 깨뜨리기도 한다. 결국, 소통과 공감은 대화에서의 부차적인 산물이 아니라 대화를 전개시키는 핵심이자 목적이 된다.

다시 말해서, 상호간에 소통과 공감을 위한 정서적인 기대감을 바탕으로 대화상황을 공유해나가고자 하는 의지가 있을 때, 대화는 충분히 그 역할을 해낼 수 있고 의미를 전달해 낼 수 있을 것이라는 점이다.

이모의 조카 돌보기

지현과 세린은 이모와 조카 사이이다. 지현은 24세 여성이자 '세린'의 이모이며, '세린'은 4세 여아로 '지현'의 사촌조카이다. 세린은 지현을 '이모'라고 부른다. 지현과 세린은 주 3회 이상 만남을 갖고 있으며, 만남은 1년 이상 지속되고 있다. 세린의 부모는 모두 일을 하고 있어 보통 지현의 어머니가 세린을 아침에 어린이집에 데려다주며, 때때로 지현이 이를 대신한다. 대화의 상황은 오전 10시, 세린의 집이다. 대화가 이루어진 날은 세린의 어린이집 선생님들의 연수일로 어린이집이 쉬는 날이다. 세린은 지현의 집에서 놀기로 하였고, 지현은 세린에게 옷을 입혀 걸어서 1분 거리에 있는 자신의 집에 데려가려고 한다.

지현: 세린~ 우리 나갈건데, (장난감을 가리키며) 이거 가지고 나갈까?

세린: 응.

지현: (장난감 카트를 가리키며) 여기에 담아가자. 이거는?

세린: 그거 아니야. 이거 가져갈래. 이건 싫어.

위 대화에서 지현은 세린을 밖으로 데려가기 위해 장난감을 이용한다. 성인과의 대화에서 장난감을 이용한 회유는 매우 어색한 상황이지만, 지현이 대화하는 상대가 4세 여아임을 고려했을 때 장난감은 매우 효과적인 도구가 된다. 지현은 지난 경험을 통해 세린이 장난감을 좋아한다는 것을 알고 있었고, 그것을 이용하여 세린에게 자연스럽게 밖으로 나갈 것을 제안한다. 또 한 가지 지현의 노련함이 엿보이는 것은, 세린과 이야기를 주고받는 방식이다. 지현은 '우리 나갈건데'와 '이거 가지고'를 하나의 발화에 담아내면서 '나간다'는 사실은 축소시키고 '장난감'에 대한 관심을 부각시키고 있다. 즉, 세린이 나간다는 것에 집중하기도 전에 장난감에 관심을 돌려, '응.'이라는 답변을 얻어낸다. 장난감 카트 역시 이에 한몫을 한다. 지현은 세린을 장난감으로 회유한 후, 장난감 카트를 가리켜 '여기에 담아가자.'며 다시 한 번 나가는 상황을 조성한다.

자칫 어린아이가 나가기 싫어 떼를 쓰는 곤란한 상황이 벌어질 수 있는 순간 지현은 세린의 눈높이에서 세린을 움직일 만한 도구를 찾고, 여기서 세린이 장난감을 좋아한다는 사실을 떠올려 이용한다. 지현은 세린의 맥락을 읽고 그에 적합한 대처 방식을 찾았던 것이다. 이는 다음의 대화 상황을 통해서도 살펴볼 수 있다. 다음은 지현이 세린을 데리고 나가기 위해 옷을 입히는 상황이다.

지현: 준~비됐나요~~~

세린: 네! 네! 이~모!

　　　(중략)

지현: (추운 시늉을 하며) 자, 이제 옷 입자. 이렇게 옷 입고 나가면~ 린이가
　　　아이 추워~~~해요.

세린: 시러~

지현: 그리고 나갈거야?

　지현은 밖으로 나갈 준비를 하며 세린에게 '준~비 됐나요~'라고 말한다. 보통 이러한 표현은 세린 또래의 아이들이 유치원이나 어린이집 등에서 자주 사용하는 표현으로, 아이들의 관심을 유도하는 데 활용되는 방법이다. 앞서 대화 상황의 장난감과 마찬가지로 '준~비 됐나요~'와 같은 표현은 성인의 대화에서는 일상적으로 사용하지 않는다. 하지만 세린의 연령을 고려한다면 '준~비됐나요~'는 아이들의 관심을 유도하고, 기분을 유쾌하게 하여 보다 수월하게 다음 상황을 진행할 수 있도록 돕는다. 이어진 대화에서 지현이 세린에게 옷을 입히기 위해 했던 '린이가 아이 추워~ 해요.'라는 표현도 마찬가지이다. 지현은 '지금처럼 옷을 입으면 춥다.'라는 의미를 세린에게 효과적으로 전달하기 위해 위와 같은 표현을 활용했다. '나', '너'와 같은 표현을 사용하기보다 아이의 이름을 넣어 표현한다거나, 의성어와 의태어를 활용하는 방식은 논리적으로 내용을 전달하기보다는 아이의 수준에서 경험적으로 이해가 가능하도록 발화의 내용을 다듬는 것이다. 예를 들어, 세린이 공감할 수 있는 화법과 표현을 사용하는 것이다.

이어지는 대화 상황은 옷입기를 싫어하는 세린과 이를 다독여 옷을 입히려 하는 지현의 대화 상황이다.

세린: 어디 가는데~

지현: 할머니집

세린: 어디 가는데~

지현: 할머니집 가~ 어린이집 안 가~ 자, 목 넣을거야 '빠샤'하자~

세린: (티에 목을 넣으며) 빠샤!

지현: (세린의 왼팔을 티 안에 넣으며) 손도 넣자~ 까꿍!

세린: 헤헤헤헤

지현: (세린의 오른팔을 잡으며) 이쪽 손도~

앞서 대화 상황에서 세린은 계속해서 지현에게 목적지를 묻는다. 지현은 처음에는 '할머니집'이라고 답하였으나 세린의 거듭된 질문에 '할머니집 가~ 어린이집 안 가~'라고 답변한다. 세린이 어린이집을 가는지를 묻지 않았지만, 지현은 세린이 늘 옷을 갈아입고 오전 시간에 어린이집을 가는 상황이 반복되었다는 것을 알고 있었기 때문에 대화에서 세린이 목적지를 묻는다는 것이 곧 어린이집을 가는지를 묻는 것이라는 점을 간파한다. 그리고 옷입기를 싫어하는 이유가 곧 어린이집을 가야 한다는 생각에서 비롯된 것임을 알았던 지현은 세린을 안심시키고 세린이 옷을 입도록 유도하기 위해 '빠샤'나 '까꿍'같은 표현을 사용하여 옷 입는 것을 거부하지 않고 마치 재미있는 놀이처럼 생각하도록 만든다. 그리고 이에 대한 반응으로 세린은 지현이 유도한 놀이 같은 옷입기 상황에 '빠샤!'라고 말하거나 '헤헤헤헤' 하고 웃으며 옷을 입는다. 이처럼 지현은 평소 세린의 일상을 잘 알고 있고 세린의 요구를 잘 파악하여 세린이가 직접적으로 표현하거나 요구하기 전에 적절한 대처 방식을 찾아 가고 있다.

이어지는 아래 대화 상황들에서도 세린은 목적지를 계속 물어보는데, 여기서 지현은 세린이 어린이집을 가고 싶지 않은 마음을 읽어내고 반복적으로 세린의 마음을 안심시키기 위한 대화를 진행해나간다.

세린: 이모, 우리 어디 가게~

지현: 우리 어디 가게~ 린이가 맞춰봐.

세린: 음 …. (약 2초) 할머니집에?

지현: 맞았어. 어린이집 안가지?

세린: 웅~

지현: 린이 어린이집 갈래?

세린: 아니.

옷입기를 마치고 세린은 지현에게 다시 한 번 '우리 어디 가게~' 하고 말한다. 세린의 '우리 어디 가게~'라는 말은 의미로만 볼 때 '어디 가는지 맞혀봐라~'라는 질문이지만 문맥상 지현은 앞의 대화 상황에서도 세린이 거듭 목적지를 질문해왔기 때문에 이것이 단순히 장소를 묻는 것이 아님을 안다. 따라서 지현은 세린이 '이모, 우리 어디 가게~'라고 말하고 있지만 이것은 곧 '어린이집 안 가는 것 맞지?'라는 확인절차일 것이라 생각한다. 따라서 세린에게 답변하지 않고 역으로 '우리 어디 가게~ 린이가 맞춰봐.'라고 되묻는다. 이어진 세린의 답변에 지현은 다시 '맞았어. 어린이집 안가지?'라는 질문 형식의 확답으로 세린이 불안해하지 않도록 한다. 이러한 대화 전개 방식은 단순히 사실을 전달하는 방식과는 차이를 갖는다. 지현은 전달하고자 하는 사실을 질문형식으로 유도하여 세린의 입으로 직접 대답하도록 만든다. 이를 통해 세린에게 의미의 전달과 동시에 정서적 확신까지 주게 된다.

지현은 세린과 어린이집을 주제로 이야기를 이어나간다.

지현: 왜 안 가고 싶어? 이모한테 얘기해봐.

세린: 나는 …. (약 3초)

지현: 응. 왜 안 가고 싶어?

세린: 어리니집에 못가. 선새니가 공부하러 가쩌.

지현: 공부하러 갔대?

세린: 응.

지현: 그래서 안가?

세린: 응! 선새니가 없어.

지현: 세린이 근데 어린이집 재미있어?

세린: 웅.

지현: 거기서 뭐했어~?

세린: 나 어린집에 안 갈래.

지현: 왜? 왜 안가~

세린: 음.. 하머니가 내일 가자~ 했어.

지현: 그랬구나~

대화를 통해 지현은 세린이가 어린이집에 가는 것을 좋아하지 않는다는 느낌을 받는다. 이에 지현은 세린이 어린이집에 가기 싫어하는 이유에 대해 묻는다. 그러나 세린은 지현에게 어린이집에 가기 싫은 이유를 직접적으로 이야기하지 않는다. 대신에 '선생님이 공부하러 갔다', '할머니가 내일 가자고 했다'는 식의 답변만 한다. 지현의 질문과 다소 맞지 않는 세린의 답변은 인간 상호작용의 근원적 방식을 엿볼 수 있게 한다. 세린이가 어린이집에 가고 싶지 않은 감정 때문인지 정말 어린이집에 가지 않는 날이라는 것을 설명하고 싶었던 것인지는 알 수 없지만, 어린이집에 가지 않아야 할 이유들을 단편적으로나마 전달하는 방식은 어린 세린이가 어린이집에 가지 않겠다는 자신의 속내를 전달하기에는 최선의 방식이었을 것이다. 또한 어린이집이라는 공간에 선생님이 부재하고, 자신에게 큰 어른인 할머니가 가지 말라고 했다는 이유 또한 세린 또래의 아이들에게는 어린이집에 가지 않아도 되는 그럴싸한 이유가 된다. 그렇게 세린은 지현의 질문에 자신이 경험하고 알고 있던 근거들을 이용해 논리정연하게 설명하지 못하는 상황에서도 충분히 자신의 의사를 전달하게 된다. 즉, 의미의 전달은 논리적이고 명확한 대화의 전개 때문이 아니라, 상호간의 정서(의도)가 공유될 수 있는 방식이라면 그 어떤 것으로도 충분하다는 것이다.

　지현: 오늘 그럼 우리도 가지 말까?
　세린: (울 듯한 표정으로) 으잉... 시로오~
　지현: 어린이집 안 간다고?
　세린: (지현을 안고 배시시 웃으며 고개를 끄덕인다) 웅!
　지현: 알았어~ 어? 린이 옷이랑 바지랑 똑같은 색깔이네~엄청 귀엽다 (웃음)

대신 지현은 세린에게 '오늘 그럼 우리도 가지 말까?'라고 말하며 어린이집에 가지 않는 것이 선택의 사항인 듯 되묻는다. 사실 이미 어린이집에 가지 않는다는 것은 기정사실인 상황임에도 둘 사이의 대화는 반복된다. 지현의 질문에 세린은 어색한 답을 한다. '가지 말까?'라는 질문에 '응'이라는 대답이 나와야만 맥락상 자연스러운 것임에도 불구하고 세린은 '싫다'는 부정을 함으로써 세린의 말에 대한 재해석의 여지를 남긴다. 즉, 문맥상 어린이집에 가고 싶다고 해석될 수도 있지만 지현은 세린의 표정과 앞뒤 맥락을 통해 세린이 가고 싶지 않다는 표현으로 재해석한다.

지현은 세린의 신발을 신기고 있다.

세린: 우리 어디 가게~

지현: (왼쪽 신발을 신기며) 할머니집~

세린: 우리 할머니집 가지이~ (검지손가락으로 방향을 설명하며) 이쪽은 할머니집이지, 어린집은 저~~~쪽이지?

지현: (오른쪽 신발을 신기며) 그래그래. 하나 더 신고 할머니집에 가자~

세린: 아라쩌.

지현이 세린의 신발을 신기며 다시 한 번 둘의 대화가 이어진다. 세린은 '우리 어디 가게~'라며 다시 목적지를 묻는다. 할머니집에 간다는 지현의 대답을 들은 세린은 이번에는 목적지의 방향을 통해 할머니집에 가는 것을 재확인한다. 이러한 세린의 행동은 방향을 가르쳐주기 위한 목적보다는 앞선 대화 상황과 맥락을 고려했을 때, 역시나 어린이집을 가지 않는다는 사실에 대한 확인과 안심을 위한 행위라고 보는 것이 더 적절해 보인다. 이처럼 세린은 자신의 불안함을 담은 표현을 여러 방식으로 활용하고 있으며 지현은 세린의 표현 이면에 담긴 그의 감정을 깨닫는 과정을 반복한다.

한편, 여기에서 더욱 주목해야 하는 사실은 세린과 지현의 반복적인 대화는 어린 세린과 함께 어린이집에 가지 않는 이야깃거리를 가지고 언어유희를 벌이는 상황이라는 점이다. 이러한 대화 상황은 세린에게는 어린이집에 가지 않아도 된다는 사실을 더욱 극적으로 받아들이도록 만들 뿐만 아니라 지현에게는 어린 세린과 소통할 소재를 제공해준다. 둘의 이러한 대화 방식은 세린과 지현의 소통 방식이자 공감을 만들어가는 방식이며, 둘만의 놀이 방식이 된다.

'영재와 승엽', '이모와 조카'가 나눈 대화의 상황은 공감과 소통을 위한 대화의 기술을 몇 가지 특징을 중심으로 설명하고 있는 듯이 보인다. 마치 그들의 상호작용 방식이 보통의 경우보다 노련하고 센스 있다는 등의 해석이 그러할 것이다. 그렇지만 여기에서 보여주고자 한 그들의 대화의 기술은 보편적 능력을 의미하는 것이 아님을 기억해야 한다. 그들이 주고받은 대화는 결코 표면적인 의미의 전달이 아니다. 그 이면에 담긴 맥락을 읽어내는 힘, 그것은 오랜 시간 그들 사이의 공유한 이야기가 가진 힘이었다. 결국, 공감과 소통의 기술은 다듬고 연마해야 하는 능력이 아닌, 그들의 삶의 사소한 일상과 주변적 이야깃거리들에 대한 가치와 관심을 회복시키는 자세의 낮춤이었다.

5... 암묵지의 형성과 공유:
행정 조직에서의 업무의 효율성

조직 학습, 문화의 형성

페이스케일(PayScale)의 마케팅 부회장 팀 로우는 "IT는 아주 빠르게 변화한다. 매일 신기술이 나오고, 같은 일을 다르게 하는 새로운 방법이 나오고, 비즈니스를 더 스마트하게 만드는 새로운 혁신이 나온다. 배움의 문화는 사업체가 최신 기술을 유지하고, 항상 새롭게 떠오르는 기술을 익히며, 시장에서 유리한 상황을 가져가는 것이 중요하다"라고 말했다. 배움의 문화 만들기(Creating a Culture of Learning)라는 제목의 최근 페이스케일 조사 보고서는 "배우는 조직"에 대해 정의하고 있다. "적극적으로 정보를 수집하고, 그 정보를 반영하고, 발견점을 공유해 조직 내 성과를 향상시키는 조직"이라는 정의다. 그리고 그 결과 '배우는 조직'은 예측 불가능한 상황에 직면해 빠르게 적응할 수 있다고 보고서는 강조한다.

일상적인 배움과 교육은 모든 직원의 임무 중 하나가 되고 있다. GE 캐피탈(GE Capital)의 CIO 케빈 그리핀은 "배움은 닥쳐서 하면 안 된다. 모든 조직은 배움에 초점을 맞춰야 한다. 배움이 문화의 일부가 되면, 배움이 규정을 벗어나는 무언가로 그다지 두드러지지 않는다."라고 강조한다. 그는 이어 "예를 들어, 배움에 초점을 맞춘 조직은 주기적인 학습 행사나 일상적인 근무와 별개로 워크숍을 열지 않는다. 그 대신 배움이 모든 프로젝트나 작업에 함께 포함되고 직원들이 어려움에 직면했을 때 직접 참여하고 질문을 통해 배우는 것이 장려된다."라고 설명한다.

그리핀은 배움의 가치를 단순히 이상적인 수준으로 제시하지 않는다. 그는 기업의 수익률 혹은 성장을 위한 가장 중요한 것으로 배움을 제시한다. 배움을 핵심 사업 가치로 강조함으로써 조직들은 현재를 유지하는 것뿐 아니라 지속적인 발전을 도모할 수 있다고 보았다. 기술적인 능력에다 리더십, 커뮤니케이션, 협상력 같은 소프트스킬을 더하는 것 역시 사업적 성공의 열쇠가 된다는 것이다. 즉, 그는 배움의 문화 육성이 시장 출시 시간을 단축시키고 기업 민첩성을 향상시킬 수 있으며, 당신의 가장 중요한 자산인 인재들을 잡아둘 수 있는 가치 있는 도구라고 설명한다.

이렇게 조직에서 배움, 학습의 중요성은 나날이 커지고 있다. 처음 학습 조직에 대한 관심은 조직에서의 학습을 어떻게 구성원들에게 전이(learning transfer) 시킬지에 대한 관심에서 비롯되었다. 그렇지만 이러한 논의의 중심에는 업무 상황들의 예측불가능함과 애매모호함을 어떻게 처리해 나갈 수 있을지에 대한 문제가 상존하고 있다. 수년 전부터 조직 연구에서는 불확실한 환경 속에서 예측할 수 없는 조직의 위기 상황이나 문제 상황을 해결하기 위한 경영 전략으로서 지식경영을 강조해왔다. 지식경영의 핵심이 '지식'에 기초한 경영이라는 점에서 지식의 창출, 공유, 활용을 통한 조직의 문제 해결과 성과의 제고는 지식경영의 지향점이자 핵심 가치로 제시되었다.

조직에서의 지식경영은 조직 구성원들의 지식 창출과 공유를 촉진하기 위한 조직의 실천양식을 전제로 하는데, 이러한 관심은 학습조직에서 상정하는 조직의 양태와 유사하다. 지식경영과 학습조직의 관계에 관해서는 다양한 이론적 논의가 이루어지고 있지만, 대체로 최근의 연구들은 학습조직을 지식경영을 위한 하나의 전제 조건으로 보고 있다(김인호, 2007; 김찬중, 2012; 윤종록 외, 2011; 이해영, 2007). 일반적으로 학습조직은 개인, 집단 및 조직 등 모든 차원에서 새로운 지식의 창출(knowledge creation)이 자유롭게 이루어지며, 개인, 집단, 조직 수준 간의 다차원적인 지식전이를 통한 이차적인 지식 창출이 활성화되어 있는 조직을 일컫는다.

앞서 조직문화의 중요성에 대해 언급한 것과 같이 최근에는 일반적으로 학습조직을 어떠한 조직이 갖는 하나의 유형이라기보다는 조직의 풍토와 같은 조직 내 실천 양상으로 이해한다. 일각에서는 학습조직을 하나의 조직 모델로서 이해하곤 하지만 실제로는 지식 공유를 위한 맥락적 특성과 실천적 지침으로서 조직 풍토와 같은 무형의 자산으로 보는 것이 더 일반적이다. 2000년대 들어, 피터와 로버트는 그들의 연구를 통해 이러한 무형의 지적 자산은 조직 내 전략적 자산으로서 모방이나 대체가 불가능한 암묵지의 형태를 띠고 있으며 따라서 개인간, 조직간 전이는 애초에 가능하지 않다고 주장한다.

그렇다면 암묵적 지식 혹은 조직 내 문화는 어떻게 전수될 수 있을까?

이러한 궁금증은 학습조직은 어떻게 형성할 수 있을 것인지 혹은 어떤 상태, 어떤 문화의 양상이 학습조직이라고 할 수 있을 것인지에 대한 궁금증으로 이어진다. 학습조직의 특성은 학자들에 따라 다양한 관점에서 접근되어 왔지만 최근에는 그 가운데 하나로 상황주의적 또는 실천주의적 관점이 주목받고 있다. 이러한 관점에서는 조직 내 규범이나 시스템의 미니멀리즘을 추구한다는 특징을 갖는다. 다시 말해서, 조직 내 지식은 규범적 혹은 조직적이기보다는 현장적이며 즉흥적이라는 것이다. 즉, 조직 내 경험과 활동은 실천의 맥락 또는 활동의 시스템 안에서 그때 그때 이루어질 수밖에 없다는 것이다.

물론 학습조직에서 지식의 맥락성과 생성성에 관한 연구는 새삼스러운 것이 아니다. 일찍이 조직학습이론가 쇤(Schön, 1983)은 전문가의 전문적 지식에 대한 편견을 지적하며 전문가의 문제해결과정에 대해서 설명한 바 있다. 그는 지식의 생성적이고 변주적인 성격을 설명하기 위해 문제해결과정을 '행위 내 반성(reflection-in-action)'으로 보고자 하였다. 그에 따르면, 실제 애매모호하고 예측 불가능한 상황에서 전문가들이 의존할만한 토대적 지식은 있을 수 없으며 그들은 다만 성찰적으로, 즉 '하면서 보완해나가야 하는' 상황적 판단과 결정에 기댄다는 것이다.

이러한 관심이 반영된 비교적 최근의 연구들 가운데 카모케(Kamoche)와 쿤하(Cunha, 2001)는 재즈 즉흥곡이 어떻게 연주되는지를 살펴봄으로써 조직의 혁신 활동의 적용 가능성을 설명한다. 이 연구에서는 관련 연구들(Barrett, 1998; Chakravarthy, 1982; Mintzberg & McHugh, 1985)을 통해 조직의 학습과 혁신을 포괄하기 위한 방법적 논의들을 소개하고 재구조화의 개념적 모델로서 재즈에서의 '즉흥적 변주(improvisation)'를 통해 생성적이고 자기 조직화하는 과정들에 대한 하나의 모델을 제시하였다. 여기에서 즉흥적 변주 모델은 적응형의 모델로 해석되기도 하는데, 여기서 조직은 유연한 학습 조직으로서 효율성을 기반으로 문제를 해결하는 것을 목표로 한다(Weick, 1989). 이러한 모델은 '미니멀리즘 구조(minimal structure)' 개념의 상정을 통해 조직적 노력의 또 다른 측면으로서 즉흥적 변주에 주목하며 이러한 즉흥성이 어떻게 혁신 또는 변화와 관련되는지 보여주고자 하였다.

조직화의 과정, 암묵지를 연구하는 새로운 방법론의 등장

앞서 언급한 학습조직의 관점은 학습조직을 하나의 실체로서 존재한다고 보지 않는다. 이러한 발상은 조직화의 과정, 즉흥적인 지식, 변주적 지식들에 어떻게 접근할 수 있는지에 대한 방법론적 의구심을 자아낸다. 상황주의 관점에서의 조직 연구들은 전통적인 조직 연구들이 학습조직 구축을 위한 요건들을 이론적 명제로 제시하던 방식에서 나아가 조직의 실제적 작동방식과 이론적 명제 사이의 관계를 밝히는 데 주목한다. 이는 지금껏 사회과학의 해묵은 주제인 미시-거시의 연계가 주로 철학적이고 이론적인 관심에서 비롯된 것이었다면, 현장에 적용 가능한 조직이론으로서 경험적이고 실증적인 수준의 연구에 대한 관심과 요청이 꾸준히 제기되었기 때문이다. 더욱이 전통적으로 조직연구들이 과거의 이론적 개념을 응용, 모방하거나 해당 이론을 단순히 정형화된 측정도구(measure) 수준에서 사용하였다면, 조직 연구에서의 새로운 탐구의 틀로서 방법론적 논의는 시의적절한 시도였다고 볼 수밖에 없다. 이러한 관심은 최근 조직연구에서 조직(organization)보다는 조직화(organizing)의 프로세스와 기제를 밝히는 연구(Davis, 2006, 2014; Davis & Marquis, 2005; Feldman, 2000; Feldman & Pentland, 2003)로 집약된 경향성을 통해서도 드러난다.

이러한 과정적이고 절차적인 지식, 암묵적이고 즉흥적인 지식의 특징을 이해하기 위해 그와 대조적인 관점으로서 지식의 환원주의적 관점과 비교해보는 것은 의미있는 시도이다. 조직의 시스템을 설명하기 위한 전통적인 분석의 방법들은 조직을 설명하기 위한 요소를 쪼개어 나열하고 설명하는 방식을 취한다. 전체적인 시스템에 대한 설명 방식으로서 환원주의는 매우 성공적인 방법이지만 사실상 자연 상태의 복잡성과 맥락성을 설명하기에 충분치 못했다. 1980년대 이래로 수년간 지속적으로 발전되어 온 분산인지 관련 방법론적 논의들은 이러한 관심을 정교화하는 데기여하였다. 특히, 최근 인지과학에서의 분산인지에 대한 논의들은 집단내 다양한 인지 과정이 어떻게 집단을 가로질러 분산되는지에 관한 경험 연구들을 광범위하게 수행해왔다(Greeno, 2011). 인지 프로세스가 집단 전체에 분산되면 그것들은 체화, 즉 가시화되며, 따라서 참여자들 사이의 언어와 몸짓, 즉 상호작용을 면밀히 들여다봄으로써 그러한 지식이 생성되고 공유화되는 프로세스를 탐구할 수 있을 것으로 보았다.

따라서 분산인지 관련 연구에서는 전형적으로 통제된 실험 방법보다는 연구자가 현장에서 실시간의 분산 과정을 포착할 수 있게 하는 질적이고 관찰적인 방법을 활용하기 시작하였다. 가장 많이 활용하는 연구 방법은 현장에서의 실시간 동영상 녹화를 통해 각 집단 구성원의 업무 수행 활동이 한 순간에서 다음 순간으로 어떻게 넘어가는지 상세히 기록하는 상호작용 분석 방법이다(Jordan & Henderson, 1995). 이러한 연구방법의 목표는 집단행동에서의 반복되는 패턴과 프로세스를 발견해내는 것으로, 현장연구방법론 가운데 민속방법론이나 대화분석 등을 기반으로 한다.

이러한 상호작용에 관한 질적 분석방법은 집단 창의성에 관한 연구에서도 활용된 바 있다. 여기에서 "창의성", 역시 당사자의 머릿속 혹은 몸의 기억을 통해 드러나는 암묵지의 형태라고 볼 수 있다. 따라서, 그것의 메커니즘에 대한 연구는 그리 쉽지 않다. '창의성' 연구자로 잘 알려진 소이어(Sawyer, 2003)는 '공동의 창출(collaborative emergence)'이라는 개념을 통해 사고의 창발과정을 다음과 같은 네 가지 특징으로 설명한다.

- 활동은 예측하거나 계획된 결말보다는 예측할 수 없는 결과를 갖는다.
- 매 순간의 변수로서, 행동의 성패 여부는 직전의 행동에 달려 있다.
- 주어진 행동의 상호작용 효과는 다른 참여자의 이후 행동에 따라 달라질 수 있다.
- 이러한 과정은 모든 참여자들이 동등하게 관여하는 협력 행위로 이루어진다.

이러한 연구들은 창의성을 개인 내적 사고의 작용으로만 보는 것이 아니라 상호작용으로 인한 공동의 지식 창출로 상정한다. 따라서 이러한 지식의 출현 기제를 발견하기 위해서는 개인의 머릿속뿐만 아니라 구성원들의 사회적 실천을 가로지르는 대화와 분산된 지식들에 관한 분석이 필요하다. 지식의 공동 창출은 예측할 수 없고 우발적인 사회적 실천의 변주적 특성이기 때문이다.

그런데 인지과학자들에 의해 연구된 분산인지의 예는 항상 협력적으로 창출되는 것은 아니라는 점도 보여준다. 작업 지향적인 여러 집단들은 그룹의 작업을 용이하게 하는 루틴과 절차를 개발한다. 그리고 이러한 만남의 결과는 비록 협업적이기는 하지만 예측 가능하고 계획된 것이다(Jordan & Henderson, 1995). 사실상 고객과 상점 주인의 형식적 인사 혹은 한 개인에 의해 조율되는 비즈니스 미팅처럼 비교적 의례화된 사회적 실천들은 공동의 지식 창출을 낼 가능성이 덜하다.

그러나 분산인지에 대한 몇몇 연구들(여기에서 관찰 분석한 사례를 포함)은 집단이 때로는 원칙과 절차로부터 벗어나기도 하고 집단 내 분산된 인지와의 관련성을 적극 활용하면서 지식을 창출해나간다고 보았다. 해군 내 비게이션 팀에 대한 허친스(Hutchins, 1995)의 연구는 집단적 지식 창출의 고전적 예시로 볼 수 있다.

항구에 선박의 수로를 유도하는 상황에서 선박 조종실 안의 두 항해사는 회전 나침반 위에 놓인 망원경을 사용하면서 선박의 지점을 다른 두 항해사에게 읽어준다. 그리고 선박의 지점을 전달받은 항해사는 다시 브리지 위에 있는 항해사에게 전화로 이를 통보한다. 그때 항해사는 장부에 방위 수치를 기입하고 큰 소리로 그 수치를 확인한다. 그 옆에서는 특수 장치를 사용하여 항해 차트 위에 선박의 위치를 기록하고, 그 선박의 항해 각도를 산출한다. 이러한 과정은 매 1분에서 3분 단위로 되풀이된다(Hutchins, 1995, p. 125).

이러한 장면에 대한 관찰 분석은 서로 다른 지식을 가진 사람들이 일을 분담하고 협력하고 있다는 것 이상의 의미를 보여준다. 협력의 작업은 즉각적이고 유동적이어서 서로가 가진 정보를 확인하고 공유하는 과정이라기보다는 상황 조율적 성격이 강하기 때문이다. 이러한 관점에서 지식은 결코 머릿속 지식의 축적이 아니다. 지식은 직접적 경험이자 체득의 대상이다. 해군 네비게이션 팀의 문제해결 과정을 체득된 지식의 조율이라고 보는 관점은 지식의 생성적이고 창발적인 측면을 더욱 부각시킨다. 허친스는 대부분의 경우 팀이 잘 정비된 집단의 루틴을 따랐지만 비상사태가 발생했을 때 팀은 종종 참신하고 즉각적인 반응으로 협력적 창출을 만들 수 있다고 지적한다. 그의 여러 연구들에서는 예측이 어려운 비상사태의 정도가 커질수록 구성원들이 잘 정비된 매뉴얼보다 서로 간에 오가는 반응에 의존할 가능성이 커진다는 사실을 지적해왔다. 그의 또 다른 연구들인 '비즈니스 팀에서의 브레인스토밍(Paulus & Nijstad, 2003; Sawyer, 2003)', '친구들과의 수다(Sawyer, 2001)' 등의 연구들 역시 경험이 어떻게 즉흥적으로 변용되고 공유되며 새롭게 창출되는지를 잘 보여주고 있다.

　이처럼 최근의 조직 내 암묵지에 관한 연구들은 실체로서의 조직을 발굴하고 해석하는 방식이 아닌, 조직 내의 암묵지가 발휘되는 맥락들을 잡아내는 방식에 더욱 주력한다. 다시 말해서, 조직 내에서 지식이 공유되고 전달되며 창의성이 발휘되는 것은 특정 조직이 갖는 특성이 아니라 어떤 상호작용 양상으로서 존재하는 조직의 상태라는 것이다. 즉, 조직이 소유하고 영속적으로 유지할 수 있는 특성이 아니라 맥락에 따라 구성원들의 상호작용 방식으로서 하나의 조직 내부에서 존재하기도 혹은 사라지기도 하는 존재적 양상으로 나타난다는 것이다. 이러한 특성으로 말미암아 조직 내의 문화, 혹은 암묵적 지식의 공유 상황에 대한 연구는 즉각적 의미의 창출, 과정적 의미의 생성이라는 '즉흥성의 포착'이라는 흥미로운 방법론적 논의로 귀결될 수밖에 없다.

관찰의 상황과 자료의 수집

여기에서는 조직 내에서 학습 혹은 지식 경영의 조건으로서 학습조직의 양상을 이해하기 위하여 하나의 업무를 공유하고 함께 문제를 해결해 나가는 조직 내 업무상황을 분석의 대상으로 선정하였다. 이러한 분석을 위하여 선정된 관찰의 대상은 고등학교의 행정실 업무상황이다. 보통 학교의 행정실은 지역 교육청 소속의 교육행정직 공무원으로 구성된 행정조직으로서 교육재정의 집행, 교육시설의 유지 관리와 교육활동과 관련된 직·간접적인 행정활동 등을 진행한다. 단위학교의 행정실은 소규모의 조직이기는 하나, 교육행정직 공무원을 비롯한 다양한 직종 분야의 직원으로 구성되어 있고 근무자가 정기적, 비정기적으로 지역 교육청의 인사발령에 의하여 교체되기도 한다는 점에서 가시적인 집단 규모 이상의 시스템이 적용되는 하위조직이라고 할 수 있다. 행정실은 소속 구성원들 간의 직종 간 직무 내용이 다르고, 배경 지식과 경험이 서로 다른 직원들로 구성되어 있다는 점에서 학교와 교육청을 비롯한 교육공무원 조직과 직·간접적으로 연동된 형태로 조직이 운영되고 있다.

행정 직무는 직종에 따라 유사한 업무의 반복이라고 생각하기 쉽지만, 사실상 다양한 직무의 협력을 통해 조직의 성과를 달성시켜야 한다는 점에서 조직 내 구성원들의 협력적 업무처리가 매우 중요하다. 또한 학교 행정실은 얼핏보면 연간 학사일정에 맞춘 업무의 반복이라고 여겨지지만, 학교와 행정실을 둘러싼 내·외부적 여건이 시시때때로 바뀐다는 점에서 공동의 업무 과정에서의 정보전달과 공유의 기술, 노하우에 따라 일의 효율성과 성과가 달라지는 업무 환경을 갖고 있다.

특히 최근 교육과정의 자율화에 따른 학교 현장에서의 변화는 교육과정 편성 및 운영에 관한 권한을 지역 또는 학교, 교실 수준으로 이양함에 따라 고등학교 이하 단위학교에서의 행정 업무의 다양성과 복잡성이 증대되고 있다. 단위학교 행정직원의 직무 수행은 각종 법규 및 지침 그리고 명확한 직무 명령에 의해 수행되지만, 업무수행과정에서 드러나는 복잡한 상황적 변수들로 인해 상기된 규범에 의한 과정과 반드시 일치하지는 않는다.

이처럼 행정직원의 업무가 조직적 차원의 문제해결과정으로 다루어짐에 따라 그들의 업무 수행은 구성원 개인의 직무역량의 차원을 넘어선 조직 내 공동의 문제해결의 성격을 띤다. 따라서 본 사례가 상황주의 관점에서 학습조직을 어떻게 볼 수 있는지 이해하기에 적합한 연구대상이 될 수 있을 것이라고 판단하였다.

연구 대상은 경기도의 S고등학교의 행정실에 근무하는 8명의 행정직원이며 관찰 상황은 비의도적인 일상의 업무 상황이다. 자료의 수집 방식은 일상적 업무상황의 자연스러움을 유지하는데 더 효율적일 것이라는 참여자들의 입장을 고려하여 동영상 녹화보다는 음성 녹음을 선택하였다. 업무 상황에 대한 녹음은 2016년 10월에서 11월 사이 10차례에 걸쳐서 이루어졌으며 짧게는 30분에서 길게는 3시간에 걸쳐 진행되었다. 녹음 후에는 연구자가 반복적으로 녹음 내용을 듣고 본 연구에서 다루고자 하는 주제에 적합하다고 판단되는 17개의 상황을 전사하였으며, 분석과 연구를 진행하는 과정에서 총 4개의 상황을 선정하였고, 논문의 전개상 각각의 상황을 몇 개의 단락으로 나누어 분석에 활용하였다.

본 연구의 연구자는 연구자임과 동시에 조직 내 참여자로서 업무 과정에 녹음된 상당 부분에 직접 참여하고 있다. 따라서 녹음 내용에 담기지 못하였지만 자료 분석에 필요한 맥락적 이해를 갖고 있다. 따라서 연구자는 녹취 후 관련 내용에 대한 소실을 막기 위하여 즉시 전사를 실시하고 녹취에 담기지 않은 상황 중 이해가 필요한 관찰 내용들은 메모를 통해 보완하는 방식으로 연구 자료를 수집 정리하였다. 이러한 과정에서 연구자는 업무과정에서 사용된 교내 메신저 자료 5건, 회의 자료 1건 등을 추가적으로 보완하여 분석에 활용하였다.

즉흥성의 포착, 현상학적 사회학의 민속방법론 활용

본 연구에서는 조직 내의 업무상황에서 조직 구성원들이 즉각적으로 업무를 공유하고 전달하며 합의에 도달하는 지식 공유의 상황들을 관찰하고 이러한 상황에서의 학습조직적 특성들을 포착하는 데 목적을 두었다. 이에 본 연구에서는 현상학을 기반으로 연구 대상에 접근하여 조직 내 업무 상황을 있는 그대로 이해하는 데 주력하였다. 현상학적 관심은 일상의 현장성을 좀 더 풍부하게 이해하기 위한 관심이기도 하다. 따라서 본 연구에서는 상황주의 연구방법 중 하나인 현상학적 사회학의 민속방법론 (ethnomethodology)을 분석에 활용하였다.

민속방법론은 생활세계에 대한 관심에서 시작된 미시적 연구 방법이다. 민속방법론은 사람들이 현장에서 취하는 일상적인 경험의 방식에 관심을 둔다. 민속방법론은 일이나 경험 자체, 즉 의미구성 방식에 관심을 둔만큼 사람들이 하고 있는 일 또는 경험 자체에 대해 매우 체계적이고 자세한 기술 분석을 요구하는 탐구 영역에서 널리 활용되고 있다.

단위학교 행정조직에서 근무하는 행정직원들의 일상은 루틴한 업무처리 절차를 따르는 듯 보이지만 사실상 업무의 방법이나 성격이 명확하게 드러나지 않는 직무의 과정인 경우가 많다. 따라서 그들의 직무역량이나 업무처리방법 등을 이해하기 위해서는 현장에서 일어나는 그들의 절차적이고 전략적인 지식들이 실제로 어떻게 일어나는지 그들의 대화와 행위를 상세히 들여다 볼 필요가 있다. 이는 기존의 여타 질적 연구들이 종종 수행하는 인터뷰 분석의 방식보다 실제 상황에서 벌어진 '것들'을 자세하게 기술하도록 요청한다. 이러한 연구 방식은 상황을 이해함에 있어서 연구자나 참여자의 해석을 배제한 채로 일이 전개되는 '있는 그대로'에 관한 이해라는 냉담한 태도를 요구한다. 따라서 대화의 내용 자체보다는 실천적 행위와 추론이 어떻게 일상의 대화나 상호작용 속에서 의미를 가지고 작동하는지에 주목한다. 연구자는 이 같은 민속방법론의 방법적 논리가 본 연구에서 이해하고자 하는 공동의 지식 창출 프로세스와 기제에 관한 이해라는 취지에 부합한다고 판단하여 이를 사례의 분석 방법으로 활용하였다.

멤버십(membership) 범주의 효율적 활용

대학입학을 위한 대학수학능력시험의 시험장으로 지정되면 해당 학교에서는 수험일 며칠 전부터 내부적으로 시험장 설치와 관리 그리고 시험 그 자체의 수행을 위한 준비하기 시작한다. 시험장 준비와 관련한 주관부서의 총체적인 계획을 통하여 학교조직의 각 부서 및 그 부서에 소속된 개인은 각각의 업무를 부여받는다. 다음의 상황 1-1, 상황 1-2, 상황 1-3 은 S고등학교 행정실장이 그 계획이 확정되기 직전에 주관부서에서 작성 중인 계획서의 초안을 미리 입수하여 관련 행정직원들과 회의를 갖고 행정실과 관련된 업무 내용을 검토하는 상황이다. 행정실장은 계획서 초안을 회의에 참석한 행정직원들에게 배포하고 계획서를 같이 보면서 업무를 숙지시키고 있다.

자료 1

	업무내용	담당자	준비완료시점
1	전용전화 설치(송신용, 수신용), 팩스설치	행정실	11.16(수)
2	• CD플레이어기 5대 준비(건전지 포함, 성능 확인) • 금속탐지기 5대 준비	한○경	11.16(수)
3	본부 좌석배치	심○영 이○선 윤○희	11.16(수)
4	• 온수통, 커피포트, 양동이 등 음료수대 설치 • 물, 차, 음료수, 컵, 다과 등 준비	행정실	11.16(수) 12:00

5	• 게시물 수령 및 부착 ① 시험시간표 및 시험 진행 요령(전지) ② 타종표(전지) ③ 시험지구내 시험장별 수험번호 구간표 　(전지) ④ 시험실별 수험번호 구간표(전지) ⑤ 시험실 배치도(전지) ⑥ 시험 실시 상황표(전지) ⑦ 출입문: '관계자 외 출입금지' 표지 부착 ⑧ 서무요원 담당 시험실 표시 부착 ⑨ 시험장 관리본부 표지 부착 ⑩ 교시별 감독교사 편성표(전지) ⑪ 시험실 위치도(여유벽면)	게시물, 물품부착 심○영 윤○희 이○선	준비: 11.14(월) 완료 부착: 11.16(수) 　　11:30까지
	• 물품 준비 ① 관계자 좌석 명패(5개) ② 서무요원 봉투 준비 및 내용물 확인(초크 　펜 확인) ③ 휴대폰 회수용 보관 가방 준비(수거물품기 　록표, 편지봉투 동봉, 감독교사 포함) ④ 금속탐지기 5개 준비(성능 확인) ⑤ 관리요원 필기도구 준비 • 시험관리본부 정보화 기기(컴퓨터, 프린터) 　설치	구○자 이○희 한○경 교육정보부	
6	• 당일 비치서류 가수험표 발급대장, 가수험표 양식, 수험생 명부, 종사요원 출근부, 종사요원 인장등록 대장, 부정행위자 조서, 백지답안지 제출자 현황표, 시험포기확인서	구○자	11.17(목) 07:00

상황 1-1

행정실장: 17일 날, 아시다시피 수능입니다. 그래서 지금 결재는 난 것은 아닌데, 그래서 우선은 그 초안을 내어 달라 그랬어요. 여기서 변동되는 것은, **우리**하고 관련되는 것은 별로 없을 것 같아서 미리 설명을 하고, 거기 대해서 뭐 좀 참고 사항 있으면 **저쪽**에다가 정보 줄 것은 줘야 되니까. 일반 사항에 보면 여기 총 99명이 일을 하게 되어 있는데, 여기 ○과장이 빠져 있어서 질문을 하고 있는 거예요. 얘기는 했는데, 일단 그것은 나중 얘기고. (자료를 한 장 넘기면서)넘어가서...

상황 1-2

행정실장: 이걸 좀... 그 다음에, 아! 복도에 그 저... 물컵이, 종이컵 이런 거 설치 안 하고 그냥 아무것도 안 했었나요?

행정직원F: 네, 아무것도 안 했어요.

행정직원D: 저기다 놓았죠, 휴게실에다가,

행정실장: 아이들 휴게실?

행정직원D: 네, 학생들 휴게실에다가, 대기실에다가 보온병하고 물컵하고.

행정실장: 아! 거기, 거기다 놓았단 말이지! 온수통, 커피포트, 커피포트 **우리**가 놓았어?

행정직원D: 커피포트 안 놓고 보온병 놓았습니다.

행정실장: 온수통, 커피포트 왜 나왔지? 이 말이? 커피포트 왜 놓지? 양동이 물 버리라고 하는 거고. 물, 차, 음료, 컵 다발, 이거는 **우리**가 할 일이 아니잖아? 왜 **행정실**이지?

행정직원D: 실장님, 이건 경찰은 없네, 이거는요?

행정실장: 이제 나중에 뭐가 오겠지!

행정직원D: 경찰도 아침 챙겨 줬었는데...

행정실장: 경찰, 먹어야 돼. 여기 빠졌어, 지금, 두 명 있는데.

행정직원D: 그 사람들도 상주하는 사람들...

행정실장: 내일 결재 받는다고 하고 뭐가 좀...

행정직원B: 일과표에는 경찰관 포함으로 아침 식사가 되어 있는데...

　　　　　　전체 또...

행정실장: 그러니까 앞뒤가 안 맞어, 뭔 소리인지 모르겠어. 그 다음에는 **우리**

　　　　　가... 15쪽에, 배치표만 잘 보면 돼요. 작년하고 또 같다고 그러던

　　　　　데? 달라진 데 있나요?

행정직원D: 시험실이 이게 거꾸로 된 것 같아요. 밑에부터 순위를...

행정실장: 그거야 뭐, **자기네**가 알아서 하는 거고. 사용하는 실이?

행정직원D: 네, 똑같습니다. 한 쪽으로 다 몰아 놓는...

자료 1은 수학능력시험일의 준비를 위한 계획서의 초안이다. 계획서
는 업무담당자를 '행정실' 또는 '교육정보부', '개별교사'의 이름을 적시
하는 방법으로 업무를 분장하고 있다. 여기에서 흥미로운 것은 행정실장
이 업무를 구분짓기 위해 사용하는 멤버의 범주화 방식이다. 자료 1에
대한 상황 1-1과 상황 1-2의 대화 속에서 행정실장은 '우리'와 '저쪽',
'자기네'라는 일상적 단어들을 통해 일차적으로 관계에 대한 정서적 거리
감을 형성한다. 여기에서 '우리'는 행정실장이 포함된 행정실 직원들을

지칭하는 것이며, '저쪽', '자기네'는 '우리'의 이항범주로서 행정실과 대비된 교내 대입수학능력시험의 다른 주관부서를 통칭하는 의미로 사용된 것이다. 또 이러한 정서적 거리감을 담은 멤버십 범주화는 자연스럽게 담당업무의 분담 방식으로 확장된다.

위 대화의 흐름으로 볼 때, [자료 1]은 '저쪽'에서 작성된 것이라고 짐작할 수 있다. 계획서에 명시된 행정실의 업무는 '행정실'이라는 범주로 업무를 분담한 것으로 보아 작성한 '저쪽'에서는 행정실 내부에서 구체적인 업무의 분담 상황에 관여하지 않는 것으로 보여진다. 반면에 행정실장과 직원들의 대화를 살펴보면 이와는 반대의 상황을 보여준다. [상황 1-2]에서 행정실장은 행정직원D에게 물품의 배치 장소와 상태에 대해서 지시와 확인을 하고 있는 상황이다. 그런데 대화의 상황을 면밀히 살펴보면, '온수통, 커피포트, 커피포트 우리가 놓았어?'라는 표현에서 '우리'라는 단어는 문법상으로 보면 행정실장 자신을 포함한 행정실 직원 전체를 의미하지만, 실제로는 자신을 제외한 직원들의 업무 처리 상태를 확인하기 위해 묻고 있는 상황이다. 또한 이 대화 상황에서 행정실장은 '우리'와 '자기네'라고 집단을 구분 짓는 것과 동시에, 행정직원B가 업무 관련 사항을 보고하고 있는 과정에서 적당히 말꼬리를 자르거나 화제를 전환하는 방식으로 그때그때 집단의 관련 업무인 것과 그렇지 않은 것으로 구분 짓는다. 이러한 대화의 방식 조치로 업무 처리를 지시하는 것과 동시에 자연스럽게 행정직원에게 행정실이 관여해야 하는 직무의 범주를 주지시키는 의미를 포함하게 된다.

뿐만 아니라 위 대화 상황에서 행정실장은 '우리'의 해당 업무가 아닌 것에 대하여는 '자기네'라는 범주를 사용하여 업무를 구분 짓고 해당 업무를 소원하게 처리하며 대화를 이어간다. 여기에서 또 한가지 주목할 점은, '우리' 혹은 '저쪽', '자기네'라는 불특정 다수를 지칭하는 용어가 업무를 분장하는 상황에서 사용되고 있지만, 실제로 그 일을 수행하고 추진하는 대상은 특정 개인이라는 점이다. 해당 업무가 '자기네'라는 집단이 아닌, 특정 개인의 업무일 수 있음에도 그 부분은 행정실의 업무와 무관한 부분이라는 점에서 추상적이고 모호한 범주적 용어를 사용하여 업무를 구분 짓는다. 다른 사람을 상대로 하는 일의 경우, 상대와의 대면 상황에서의 거리가 멀수록 그것을 그 사람의 구체적 행위나 태도가 아닌 범주로서 파악하고 있었으며 그 거리가 가까워지고 그 상황을 깊이 이해하게 될수록 범주는 사라지고 구체적 상황 그 자체로 인식하고 있었다.

직원들의 업무 처리 상황에서 사용된 대화의 방식은 사람들이 멤버십 범주('우리', '저쪽' 등)를 활용하는 하나의 방식을 보여준다. 멤버십 범주의 활용과 대화의 방식은 실제로 멤버십 범주나 업무의 분장이 결정되어 있거나 누군가를 지칭하기 위한 용어 이상의 역할을 하고 있었다. 멤버십 범주는 전달하고자 하는 의도를 효과적으로 전달하기 위한 방식으로 정서적 영향을 주기 위한 도구가 되기도 하였다. 다음의 │상황 2│ 역시 멤버십 범주가 어떻게 의사소통을 진행시키고 업무처리방식에 영향을 미치는지를 잘 보여준다.

다음의 │상황 2│는 업무용 메신저를 이용하여 교직원 간 업무와 관련된 내용을 문자로 주고받은 내용이다. 이 상황은 징계 대상 학생에 대한 업무를 수행하는 담당교사가 징계 대상 학생의 부모에게 송부할 문서를 메신저를 이용하여 문서 담당 행정직원에게 전달하자, 그 행정직원은 관련 문서에 대한 확인 방법이 분명치 않음을 이유로 일단 접수하지 않을 것을 뜻하는 메시지를 보낸 것이다. 이에 대하여 담당교사는 자신의 행위에 대하여 나름의 사유로 본인의 행위에 대한 상황을 설명하고자 하였으나, 행정직원은 좀 더 구체적인 방법을 제시하며 다른 방법으로 전달해 줄 것을 요구하는 상황이다.

상황 2

담당교사 보낸 글 〉〉 1학년 7반 내교통지서입니다~

행정직원 보낸 글 〉〉 선생님 내교통지서는 결재 완료된 문서도 확인해야 해서 스캔으로 보내주시거나 아니면 직접 가져 오셔야 합니다.

담당교사 보낸 글 〉〉 결재는 교감쌤까지 완료했구요. 보관은 **담임**이고 **행정실**에 파일로 보내라고 **학생부**에서 연락이 왔었어요.

행정직원 보낸 글 〉〉 네, 보관은 **선생님**께서 하시는데 보통 두 장 가지고 오셔서 결재 완료된 문서 보여 주시고 결재란 없는 파일을 **행정실**로 제출해주세요.

담당교사 보낸 글 〉〉 네~

상황 2 에서 두 교직원은 '담임', '행정실' 또는 '학생부'라는 용어를 사용하면서, 특정 개인을 지칭하는 것과 아울러 어떤 역할 혹은 업무의 범주를 지칭하는 단어를 활용하여 대화를 진행하고 있다. 여기서 주목할만한 점은, 행위의 주체를 범주로서 언급하는 방식이 전달하고자 하는 의도를 완곡히 표현하도록 하는 효과를 갖게 된다는 것이다. 사실상의 '나'와 '너'의 업무를 행정적인 멤버십 범주에 기대어 조정함으로써 규범과는 다른 변칙적 실천이 일어나는 장면에서도 유연성을 갖도록 해준다. 이는 특

정 개인이 아닌 집단이나 조직과 같은 멤버십 범주로의 표현이 해당 업무의 성격을 모호하게 만들어 상호간의 운신의 여유를 줌으로써 도리어 해당 업무가 부드럽게 처리되도록 하는 효과를 가질 수 있기 때문이다.

이처럼 행정조직에서 영역에 따른 역할과 업무 분담이 행정업무에 관한 표준화된 매뉴얼에 따른 것인지 아니면 '현장'에서 구성원들이 공유해온 경험에 따른 것인지 서로 분명하게 구분하는 것은 쉽지 않다. 그러나 실제 맥락에서 직원들이 문제를 처리하는 방식을 보면 후자에 더 의존할 가능성도 적지 않다는 점을 잘 보여준다. 좀 더 정확히 말하자면 실제 업무과정에서 그 양자는 서로 구분이 되지 않는다.

지금까지 상황 1-1, 상황 1-2, 상황 1-3과 자료 1에서 주목하고자 했던 것은 공동의 업무라고 여겨지는 하나의 일을 어떻게 업무처리과정에서 효율적으로 분담하고 자신의 역할을 규정지어 나가는지에 대한 것이었다. 나아가 상황 2에서는 멤버십 범주의 모호함을 더욱 적극적으로 활용하여 어떻게 업무적 효율성을 높이는지에 대해서도 살펴보았다. 다음은 실제 업무가 진행되는 상황에서 사람들이 어떻게 정보를 전달하고 함께 문제를 해결해나가는지 몇 가지 상황들을 통해 살펴볼 것이다.

정서의 공유를 통한 실용적 문제해결

상황 3은 학생들의 교외 활동을 위한 인근 농장과의 계약 체결과정에서 발생한 교사와 행정직원과의 대화 상황이다. 행정직원은 교육활동 당일 날임에도 불구하고 그때까지도 관련 사업의 사전 계약 의뢰에 대한 정보를 제공받지 못한 상황이다. 따라서 행정직원은 담당교사에게 계속 해당 내용을 확인하고자 하는 상황이며, 담당교사는 혹시나 계약과 관련하여 현지에서 본인이 해야 할 일이 있는가에 대하여 확인하고자 한다. 그러자 행정직원은 계약에 관련된 내용을 설명하고 자신이 업무를 진행하고자 하는 의사를 표시하였으나, 담당교사는 계약 업무와 관련하여 교육활동 현장에서 직접 할 수 있는 일은 본인이 수행하겠다고 제안을 하였고 행정직원은 결국 그 제안을 받아들였다.

[상황 3]

담당교사: 주무관님, 배밭 가는 거 어떻게 할까요?

행정직원B: 네? 배밭요? 어떤 건 말씀하시는지요?

담당교사: 배밭 가서 학생들 체험 활동하는 거예요. 실무사님이 품의하신 것 있는데요?

행정직원B: 제가 세부사업 내용까지는 몰라서, 정확한 사업명이나 품의명 알려주십시오.

담당교사: 교육복지사업인가, 그 쪽에서 품의했을 텐데요?

행정직원B: 대략적 품의 시기나 금액은 모르시나요?

　　　　　(행정직원 책상 위에 놓여 있는 업무용 컴퓨터의 화면을 함께 확인한다.)

담당교사: 업체가 사업자등록이 안 되어 있는데, 어떻게 처리해야 되는지요? 이전에 영수증 같은 거 그쪽에서 받아 온 걸로 처리한 거 같은데요.

행정직원B: 행사일이 언제인지요?

담당교사: 지금 나가려고요, 오늘입니다. 뭐 받아 오면 되나요?

행정직원B: 이것도 예전에 학생 농사 체험 복숭아 농원 간 것처럼 처리하실 건가요?

담당교사: 네. 계약 체결해서 다녀오려고요.

행정직원B: 이런 방법은 계약 체결은 아니고, 개인에게 청구받는 형식인데, 원칙적으로는 계약서 작성하고 체결을 해야 합니다만, 개인에게 청구서 작성 받아서 지출하여야 할 것 같습니다. 사업 전 미리 서류를 받아야 하는데, 오늘 사업 당일이라 제가 바로 받겠습니다. 농원 위치랑 연락처 알려주십시오.

(행정직원이 교사로부터 연락처를 받아 적는다)

담당교사: 서류 가져가서 받아 온 거 같은데... 서류 주시겠어요?

행정직원B: 바로 준비하기 힘든데, 다음에 또 혹시 체험활동 계획이 있나요?

담당교사: 근처니까, 언제든 가서 제가 받아 와도 됩니다.

행정직원B: 예, 제가 서식 메신저로 보내 드리겠습니다.

위의 대화 상황에서 결론적으로는 서로 간의 업무처리 방식에 대한 합의가 이루어졌지만, 대화의 전개 과정을 자세히 살펴보면 독특한 전개 양상을 보인다. 대화의 내용은 앞의 대화가 다음 대화를 이끌어 그에 적합한 대답을 하는 것이 아닌, 전혀 다른 대답을 하거나, 어떠한 대답도 없이 다음 질문을 이어가는 방식을 보인다. 특히, "제가 세부사업 내용까지는 몰라서, 정확한 사업명이나 품의명 알려주십시오."라는 요청에 대하여 담당교사는 "교육복지사업인가, 그 쪽에서 품의했을 텐데요?"라는 방식으로 모호한 답변과 행위 주체가 자신이 아니라는 방식으로 대답을 회피한다. 다시 행정직원은 이에 대한 어떠한 답변이나 대답없이 "대략적 품의 시기나 금액은 모르시나요?"라는 말로 다른 질문을 던지고, 담당교사는 또 이러한 질문에 대한 대답없이 업체의 사업자등록 여부와 영수증 처리 방식에 대해 질문한다.

만약 담당교사와 행정직원 사이의 대화에서 교외 교육활동과 관련된 업무에 대하여 행정직원이 먼저 이행되었어야 할 행정 절차의 정당성 등의 사유를 캐묻거나 담당교사가 말하는 바에 대하여 꼬치꼬치 캐물으면서 명확한 행위를 추궁하고자 하였다면 의사소통의 전개가 자칫 어려워질 수 있었을 것이다. 그러나 두 사람 모두 과업 수행의 목적 달성을 위하여 직무 처리에 지장이 없는 범위 내에서 상호간의 조율과 협상으로 상황을 마무리 짓는다. 실제로 업무 상황에서 문제에 봉착하거나 상대의 업무 처리 방식에 불만을 갖는 상황들은 비일비재하다. 그러나 그러한 상황에서 시시비비를 가리는 것이 업무처리에 얼마나 중대한 문제인가는 상황적인 판단에 따라 이루어지곤 한다.

이러한 두 직원의 대화 방식은 결코 규범적 업무 절차에 대한 옳고 그름의 문제만으로는 설명될 수 없는 정서적 차원의 문제라는 점을 잘 보여준다. 정서적 합의의 문제라는 것은 규범적 합리성만으로는 설명할 수 없는 맥락적 공유와 배려를 전제로 하는 상황적 합리성을 의미한다. 예컨대, 이전 대화와 다음 대화가 논리적 정합성을 갖지 못한다는 것이 상호간의 무시 혹은 질문의 의도를 잘못 파악했기 때문이 아닌, 그에 해당하는 답을 가지지 못했음에 대한 우회적 표현일 수 있음을 이해하고, 채근하거나 잘못을 추궁하지 않을 것이라는 암묵적 합의를 전제로 대화가 진행되는 것이다. 또한 오히려 다른 질문을 통해 상황을 전환시키거나 다른 문제해결의 방식을 동원하려고 하는 방식을 통해 상대를 배려하며 상황을 전개시키는 것이다. 이는 문제해결의 올바른 방식을 적용하지 못함을 의미하는 것이 아니다. 오히려 사태를 해결하기 위해 필요한 문제의 경중을 파악하고 여기에 적합하게 상황을 축소하고 실용적으로 문제를 해결하는 것이 어쩌면 더 나은 문제해결과정이 될 수도 있기 때문이다.

여기에서 한 가지 주목해야 할 사실은 이러한 정서적 합의 상태를 어떻게 확인할 지에 관한 것이다. 눈에 보이지 않는 상대방의 정서적 상태의 확인을 통해 업무의 처리를 효과적으로 이어나간다는 것이 어떻게 가능한 것일까? 사실 이것은 사소한 문제일 수도 있지만 의견의 합치 혹은 문제의 공동해결이라는 측면에서 매우 근본적인 문제로 다뤄질 수도 있다. 다음의 상황 4를 통해 정서적 합의가 어떻게 실제 의견의 합치로 이어지는지 두 사람의 대화를 살펴보겠다.

이 상황은 행정직원H가 문서편집 과정에서 필요한 정보들을 행정실장에게 가르쳐주는 상황이다. 행정실장은 마우스로 문서 프로그램을 조작하면서 모니터 화면상에 편집하고자 하는 문서 부분을 '커서'로 이동하며 가리킨다. 그리고 행정직원에게 문서의 편집 상태에 대해 물어본다. 이에 행정직원이 손가락으로 모니터 화면상의 편집 부분을 가리키면서 편집으로 인하여 변화된 화면상 문서의 상태에 대해 조작이 잘 진행되고 있음을 알려주고 있다.

상황 4

행정실장: (모니터를 응시하면서) 그러니까, 가만 있어 봐, 꺼봐, 어디 갔어.

행정직원H: (손가락으로 모니터 화면을 가리키며) 음... 여기를...

행정실장: (모니터 화면에서 커서를 이동하며) 밖으로 빼내야지. 이거?

행정직원H: 네, 그거요.

행정실장: (모니터 화면에서 커서를 움직이며) 가만 있어, 가만 있어, 어디다 빼내야 되냐?

행정직원H: (손가락으로 모니터 화면을 가리키며) 여기 나와 있는데요?

행정실장: (모니터 화면에서 커서를 움직이며) 으으음! 이거는 처음에, 누르면 바로 되는 거야?

행정직원H: 되고 있는 거예요. (손가락으로 모니터 화면을 가리키며) 이것두.

컴퓨터 모니터 화면상의 문서 프로그램을 조작하는 두 사람의 행위는 지식이나 기술의 공유와 전달이 단순히 정보의 전달만으로 이루어지는 것이 아님을 잘 보여준다. 한 사람은 마우스를 이용하여 화면상에 '커서'로 본인이 원하는 편집 모양을 설명하고 다른 사람은 같은 화면에 나타나 있는 편집 모양에 대하여 본인의 신체 일부인 '손가락'으로 가리키면서 초점을 공유시킨다. 이러한 과정은 매뉴얼로 업무를 파악하는 방식과는 전혀 다른 방식이다. 매뉴얼에서의 업무 처리 방식이 탈맥락적인 상태에서 일의 절차와 방법에 대하여 순차적으로 제시하는 인지적 정보의 배열 (sequence)이라면, 여기에서 실제로 지식이 공유되고 학습되는 방식은 상호간 직접적으로 행위를 시도하고 확인하는 방식으로서 지각의 배치 (arrangement)를 따라가는 방식이다. 매뉴얼에 존재하는 정보가 그 자체로서 의미가 확정지어지는 것이 아니라, 그것을 조작하는 개인의 실제적인 행위를 통해서만 당사자에게 의미로 확정지어질 수 있는 것과 같다고 볼 수 있다.

의미확정의 맥락성이 극대화되는 것은 지시어의 사용 상황이다. 위 대화에서 지시어만으로는 사실상 상대방의 의도와 전달하고자 하는 의미의 파악은 불가능하기 때문에 사실상 보완하는 말이나 비언어적 표현인 제스처를 통해 지시어 사이를 채워나가며 의미가 보완되어 전달된다. 예컨대, '어디 갔어?'라는 행정실장의 말은 행정직원H의 화면을 가리키는 행동을 통해 하나의 문서작성 방법의 지식으로 드러난다. 또한 '이거는 처음에, 누르면 바로 되는 거야?'라는 질문에도 '되고 있는 거예요.'라는 대답을 통해 자신의 불확실한 생각이나 모호했던 사실들이 틀린 것이 아니라는 사실을 확인하게 된다. 이것은 비단 지시어에만 국한된 것은 아니다. 우리의 언어는 근본적으로 사고를 모두 담아낼 수 없는 한계로 말미암아 그것의 전후 맥락에 대한 이해없이는 충분한 의미를 담아낼 수 없다. 따라서 행위의 전개과정에서 매순간 상호간의 의중을 파악하고 공동의 초점을 형성하고자 하는 의미를 통해서만 대화는 다음으로 넘어갈 수 있다. 또 하나의 예시로, 다음의 대화를 하나 살펴보겠다.

친구A: 안녕?

친구B: ...

이러한 대화의 상황은 인사를 한 것에 대한 상대의 반응을 통해 두 사람 사이의 대화가 일상적 인사 상황이 아닐 수도 있음을 짐작케 한다. 물론 친구B가 듣지 못했을 수도 있을 것이라는 추측을 할 수 있지만, 사실상 지금 저 두 대화를 통해서는 두 사람 사이의 대화가 어떠한 의미를 갖게 되는지 확정지을 수 없다. 이러한 대화의 의미가 결정나는 것은 아마도 그 이전 혹은 그 이후의 맥락에 대한 정보가 보충될 때 좀더 보완될 것이다.

만약 이러한 대화 상황에서 A의 입장에서 B가 자신의 인사를 무시했다라고 판단하는 것은 충분한 맥락 파악이 이루어지지 못해 벌어지는 오해의 상황이 될 수 있다는 것이다. 다시 말해서, 의미의 합치 혹은 대화의 초점이 형성이 되었는지 여부는 실제 그 상태에 도달해서가 아닌, 대화나 행위의 주고받음을 통해 추측하고 예측하는 방식으로만 가능하다. 따라서 행위의 의미는 언제나 유예될 수 있는 모호함을 담고 있다.

이처럼 의미의 유동성은 우리의 상호작용 상황에서 끊임없이 경험되는 측면이다. 쉼없이 흘러가는 맥락은 이전의 상태에 새로운 의미를 덧입히며 또 다른 다음 상황을 보여준다. 다음은 업무 상황에서 자주 발생할 수 있는 실수나 오해 때문에 생기는 문제 상황들을 어떻게 해결해나가는지 그 과정을 살펴보고자 한다.

문제의 협력적 재구성

상황 4-1, 상황 4-2, 상황 4-3은 급식에 필요한 물품을 공급받고자 계약 업무를 진행하는 과정에서 계약상대자를 선정하기 위하여 소액 수의입찰을 실시하고 전자계약을 체결하는 상황이다. 담당 행정직원은 당일 업무 시간 종료 후에 초과근무를 하면서 계약 상대자가 법규에 의하여 일정 기간 동안 자격 제한을 받고 있는 업체임을 뒤늦게 발견하게 된다. 담당직원은 그 해결 방법을 고민하다가 결국 늦은 시간 그 사실을 행정실장에게 전화로 보고하게 된다. 이 상황을 전달 받은 행정실장은 담당직원과 수차례의 통화를 통해 해당 상황을 파악하고 함께 문제를 해결하기 위해 방법을 강구하고 있는 상황이다.

[상황 4-1] 직원이 업무처리 중 실수를 발견하고 전화했을 때

행정직원C: 여보세요. 행정실 이○○입니다. 늦은 시각에 죄송합니다만, 혹시 통화 가능하실까요?

행정실장: 네, 무슨 일인가요. 얘기해 봐요.

행정직원C: 음... 어쩌죠? 제가 일을 처리하는 과정에서 실수가 있었어요. 방금 전에 다른 일을 하려고 경기도교육청 홈페이지에 접속했다가 우연히 발견했는데, 오늘 계약한 급식업체 중 한 곳이 수의계약 배제 업체였네요. 그러면 그 업체와는 계약하지 말았어야 했는데...

행정실장: 계약이 완료된 건가요? 완전히 다 끝난?

행정직원C: 네. 아까 근무시간 중에 완료한 건이에요.

행정실장: 왜 그런 일이 생긴 거죠?

행정직원C: 글쎄요, 우선 업체에서 본인들이 수의계약 배제 대상이라는 걸 알고 있었는지는 아직 확인을 못 했구요. 급식 계약을 체결하는 사이트에서 문제가 있는 업체들을 선별한다는 얘기를 듣고, 확인 시 조회되는 업체가 없기에 그냥 계약을 체결했는데요. 이제 와 보니 아마도 부정당업체만 걸러주고, 수의계약 배제 업체는 거르지 못하는거 같아요. 어쩌죠? 제 실수에요. 날짜가 촉박하다는 생각에 너무 일을 서두르다 보니, 계약 체결 전 한 번 확인을 해야 한다는 것을 잊었네요.

행정실장: 음... 일단 벌어진 일이니 그렇게 걱정만 할 게 아니라, 우선 해결할 방법을 찾는 게 먼저겠지. 나중에라도 혹여 학교에 문제가 되지 않

는 방향의 해결책을 찾아 봐야죠.

행정직원C: 계약이 완료된 건이라서, 계약 체결 사이트에서 본 계약이 해지되
        는지 한번 알아봐야 할 거 같아요. 지금은 업무가 끝난 시각이라
        내일 확인이 가능할 거 같습니다. 그런데 더 큰 문제는 계약을 해
        지하는 과정에서 업체와 이야기되어야 할 부분일 거 같아요.

행정실장: 구체적으로 업체와의 어떤 문제죠?

행정직원C: 제가 일단 대충 지침을 살펴보니 계약 자격이 없는 업체가 입찰에
        참가한 경우에는 학교에서는 해당 업체를 수의계약 배제 업체로
        도교육청에 요청해야 한다고 해요. 근데, 이 업체는 이미 수의계
        약 배제 업체라서, 다시 한번 똑같은 요청을 해야하는 건지 아니면
        이제는 부정당업체로 제재를 요청해야 하는 건지가 조금 애매해
        요. 게다가 부정당업체로 제재하는 경우에는 업체의 손실이 상당
        하기 때문에 업체의 반발도 제법 있을 거구요.

행정실장: 자격이 없는 업체가 입찰에 참가했다는 게 본 문제가 생긴 1차적인
        원인이지만, 우리가 확인을 못했다는 것도 귀책 사유가 없다고는
        할 수 없으니 해결책을 차근히 생각해 봐야겠네... 우선은 업체가
        본인들이 수의계약 배제 업체라는 사실을 알고도 고의로 입찰에 참
        가했던 건지를 확인하는 게 우선이겠네요. 그렇게 되면 업체의 책
        임 소재가 더 큰 건 분명해질테니, 그 이후의 절차는 학교에서만 판
        단할 문제는 아닌듯하고, 도교육청이나 지역교육청의 계약담당자
        와 상의해보는 게 더 확실하겠어요. 아무래도 그 사람들이 여러 가
        지 사례를 더 많이 경험했고, 그에 대한 해결책도 더 많이 알고 있을
        테니까...

행정직원C: 근데 지금은 업무시간이 끝나서 전화를 해도 통화가 되지 않을 텐데요. 업체는 혹시 회사나 아니면 대표자 휴대전화번호로 전화를 하면 통화가 되는지도 모르겠어요.

행정실장: 그럼 우선 업체와 통화해 보도록 하고... 그런데 업체와 얘기할 때는 나중에 문제가 될 소지가 있는 발언은 하지 않아야 하니 신중하게 접근해야 합니다. 이를테면 본인들이 수의계약 배제 업체로 등록되어 있는 사실을 아는지 여부만 확인하고 그에 따른 대응들은 확실한 사실 여부와 지침에 따른 해결 방법을 확인해 보고 얘기하는 게 좋지.

행정직원C: 네, 그럼 업체와 통화해 보고 다시 전화 드리겠습니다.

행정실장: 네, 그럼 다시 연락 줘요.

직무 수행 과정에서 직면하게 되는 각종 문제의 해결 방식은 각각의 행정직원이 가지고 있는 경험과 역량에 따라 달리 나타날 수 있다. 계약 업무는 행정실 업무 중 비교적 업무량이 많고 사안의 중요성도 높은 업무로 이를 관장하는 각종 법규 및 지침 그리고 명확한 직무 명령의 규약이 엄격히 적용되는 편이다. 그러나 실제 업무 수행 과정에서는 상황에 따라 업무의 절차와 방식이 조직 내 정해진 규범과는 반드시 일치하지 않는 경우가 종종 발생한다. 이와 같은 조직 내 돌발 변수들의 처리 과정은 구성원들이 문제를 공유하고 해결방안을 찾아가는 집단 지성적 특징이 잘 드러나는 장면이기도 하다.

상황 4-1 에서 행정실장은 행정직원을 통해 현재 직면한 문제 상황에 대해 보고를 받는다. 그리고 행정실장은 나름의 경험에 미루어 해결 가능한 방안들을 떠올려본다. 그런데 사실상 두 사람의 대화를 살펴보면 직면한 문제 상황이 '어떠한 문제' 상황인지에 대한 합의가 이루어지지 않았다는 것을 알 수 있다. 두 사람의 대화는 '이미 상정한 문제'에 대한 해결책을 찾는 상황이라기보다는, 문제가 확대되거나 또 다른 문제의 소지가 생기지 않도록 하기 위한 방향으로 지금의 문제 상황을 어떻게 상정할 것인지의 문제에 놓여져 있다. 여기에서 조직 내 문제의 공유는 문제가 무엇인지 인지하는 것이 아닌, 문제의 상정을 함께 하는 것에서부터 시작하고 있었다. 다시 말해서, 문제의 공유는 문제를 함께 만들어가는 과정 그 자체일 수 있다.

이어지는 상황은 행정직원이 늦은 시각에 업체와 교육청과의 전화통화를 시도하지만, 잘 연결이 되지 않고, 수차례의 시도 후 업체와 전화 연결이 된 후 다음의 상황 4-2, 상황 4-3 대화가 이어진다.

상황 4-2 직원의 업체 대표자 및 지역청과의 통화 이후 다시 전화했을 때

행정직원C: 또 전화 드렸네요. 늦은 시각 자꾸 죄송합니다.

행정실장: 네, 통화는 된 건가요?

행정직원C: 지역청도 야근 중인 직원이 없어서 현재 벌어진 문제에 대해 어떻게 처리해야 할지 아직 모르겠어요. 그리고 업체 대표와는 통화가 됐는데, 업체에서는 본인이 수의계약 배제 상태에 놓였다는 사실을 전혀 모르고 있더라구요.

행정실장: 그런 사실을 모르고 있기가 힘들 거 같은데... 혹시 업체가 책임을 회피하기 위해서 일부러 모르는 척 하는 건 아닌가?

행정직원C: 저랑 통화했을 때 해당 사실을 파악하는 경로 등을 묻는 걸 보니 정
　　　　 말 모르는 거 같기는 했어요. 아마도 그 전 학교에서 수의계약 배
　　　　 제 사실을 요청하고 업체에 따로 통보를 안했다면 모를 수도 있을
　　　　 거 같기는 해요. 아, 어쩌죠? 이런 중대한 실수를 하다니... 너무 당
　　　　 혹스럽기도 하고, 뭐부터 해야 할 지 멍하기도 하고 정신이 없네
　　　　 요. 아무튼 제 실수로 학교에 큰 피해나 끼치지 않는지 너무 걱
　　　　 정되네요. 맘이 급해서 너무 일을 서둘러 하려다 보니 이런 일이
　　　　 생겼어요. 정말 죄송합니다. 어떻게 할 줄을 모르겠네요... 하아...

〔상황 4-3〕　실장이 하급교육지원청 담당자의 전화번호를 전해 주며

행정직원C: 실장님, 저 이○○입니다. 제가 통화 중이었는데, 전화 하셨었네
　　　　 요. 문자도 하나 와 있는데 이게 뭔지 해서요.

행정실장: 문자는 교육청 계약 담당자 개인 휴대 전화번호 받은 거 보낸 거예
　　　　 요. 통화해 보고 지금 이 문제에 대해 어떻게 해결해야 할 지 한번
　　　　 얘기해 봐요.

행정직원C: 이렇게까지 신경 써 주셔서 정말 감사해요. 그런데 지금은 통화하
　　　　 기 너무 늦은 시각 같은데... 근무처로 전화하는 것도 아니고, 퇴근
　　　　 후에 개인 휴대전화로 연락하기가 좀 그렇네요.

행정실장: 그렇게 마음 쓰면서 걱정만 하지 말고, 그냥 연락해서 물어 봐요.
　　　　 정 뭐하면 내가 하도 독촉해서 늦은 시각 전화한다고 얘기하고...

행정직원C: 네, 감사합니다. 연락해 보고 다시 전화 드리겠습니다.

〔상황 4-2〕, 〔상황 4-3〕은 행정실장과 담당 행정직원 간에 문제의 해결

을 위한 노력이 지속적으로 일어나고 있는 상황이다. 그러나 상황을 자세히 들여다보면, 업체와의 통화에서는 예상치 못한 업체의 반응이 나타나기도 하며, 교육청과의 통화 시도는 담당자의 부재로 인하여 불가능하다. 그런데 상황을 살펴보면, 이러한 과정은 맨 처음 사안에서는 벗어난 사소한 전화연결에 관한 대화이다. 그렇지만 사실상 이렇게 사소하게 여겨지는 문제들이 해결되지 않으면 다른 어떠한 문제들은 접근조차 할 수 없게 된다. 결국 업무처리과정에서의 주변적 문제라고 여겨지는 일상적이고 사소한 업무의 처리들은 중대한 사안이라 여겨지는 문제와 따로 떼어 구분 지을 수 없는 사안들로 존재하고 있다고 보아야 할 것이다. 다음은 이날의 마지막 대화에 해당하는 통화 상황이다.

[상황 4-4] 직원이 지역청 담당자와 통화한 이후 전화했을 때

행정직원C: 실장님, 통화 해봤어요. (중략).

행정실장: 그래, 뭐라고 하던가요?

행정직원C: 일단 상황을 설명했는데, 애매한 상황이라고 하더라구요. (중략). 그리고 그 업체에 어떤 조치를 취해야 하는지 지금은 퇴근 후라, 내일 출근해서 지침을 찾아보고 다시 연락 준다고 하더라구요.

행정실장: 음, 그러면 내일 출근해야 모든 게 명확해지겠네... (중략)...

행정직원C: 네, 퇴근 이후 쉬시는데 여러 번 전화로 귀찮게 해드렸네요. 다시 한번 죄송합니다. 푹 쉬시고, 내일 뵙겠습니다.

[상황 4-4]에서 행정실장은 '내일 출근해야 모든 게 명확해지겠네.'라고 말한다. 그러나 사실상 [상황 4-1]에서 행정실장은 "자격이 없는 업체

가 입찰에 참가했다는 게 본 문제가 생긴 1차적인 원인이지만, 우리가 확인을 못했다는 것도 귀책 사유가 없다고는 할 수 없으니...(중략)...그런데 업체와 얘기할 때는 나중에 문제가 될 소지가 있는 발언은 하지 않아야 하니 신중하게 접근해야 합니다. 이를테면 본인들이 수의계약 배제 업체로 등록되어 있는 사실을 아는지 여부만 확인하고 그에 따른 대응들은 확실한 사실 여부와 지침에 따른 해결 방법을 확인해 보고 얘기하는 게 좋지.”라는 방식으로 문제해결에 대한 적극적인 행동을 지연시킬 것을 주지시킨다.

　상황 4-4 의 행정직원C는 “일단 상황을 설명했는데, 애매한 상황이라고 하더라구요. 그리고 그 업체에 어떤 조치를 취해야 하는지 지금은 퇴근 후라, 내일 출근해서 지침을 찾아보고 다시 연락 준다고 하더라구요.”라고 말하며 현재의 문제 상황이 불확정적인 상태라는 점에 대해 동일하게 인지하고 있지만, 문제 상황이 지침의 적용을 통해 해결될 수도 있음을 이야기한다. 그런데 두 사람의 대화는 끊임없이 문제의 해결 방안을 찾고 있는 듯 보이지만, 사실상 그들이 찾고 있는 것은 해결안이 아닌 사안의 축소로 문제를 재설정함에 따른 상황의 종결임을 알 수 있다. 또한, 오히려 손쉽게 처리 가능한 해결책을 통해 문제를 재설정하는 역발상을 통해 접근하고자 한다.

　이러한 문제해결 방식은 생각보다 문제해결의 과정이 ‘문제설정 → 해결책 모색’이라는 순차적 과정이 아닐 수 있음을 보여준다. 다시 말해서, 현재의 조건과 다양한 결말의 가능성을 끊임없이 견주어가며 예측할 수 없는 상황들을 처리해나가는 조율적 성격이 강하다는 것을 알 수 있다.

▌참고문헌

1 Barrett, F. J. (1998). Managing and improvising: Lessons from jazz. Career development international, 3(7), 283–286.

2 Berliner, D. C. (1994). Expertise: The wonder of exemplary performances. Creating powerful thinking in teachers and students, 161–186.

3 Chakravarthy, B. S. (1982). Adaptation: A promising metaphor for strategic management. Academy of management review, 7(1), 35–44.

4 Davis, G. F. (2006). Mechanisms and the theory of organizations. Journal of management inquiry, 15(2), 114–118.

5 Davis, G. F. (2015). Celebrating organization theory: The after-party. Journal of management studies, 52(2), 309–319.

6 Davis, G. F., & Marquis, C. (2005). Prospects for organization theory in the early twenty-first century: Institutional fields and mechanisms. Organization science, 16(4), 332–343.

7 Feldman, M. (2000). Organizational routines as a source of continuous change. Organization science, 11(6), 611–29.

8 Feldman, M. S. and Pentland, B. T. (2003). Re-conceptualizing organizational routines as a source of flexibility and change. Administrative science quarterly, 48(1), 94–118.

9 Garfinkle, H. (1967). Studies in ethnomethodology. Cambridge: Polity press.

10 Gherardi, S. (2006) Organizational knowledge: The texture of workplace learning. Oxford: Blackwell.

11 Gherardi, S. (2008). Situated knowledge and situated action: What do practice-based studies promise? In D. Barry & H. Hansen (Eds.). The SAGE handbook of the new & emerging in management and organization. London: SAGE. 516-25.

12 Greeno, J. G. (2011). A situative perspective on cognition and learning in interaction. In T. Koschmann (Ed.), Theories of learning and studies of instruction (pp. 41–72). New York: Springer.

13 Hutchins, E. (1995). Cognition in the Wild. Cambridge: MIT press.

14 Jordan, B., & Henderson, A. (1995). Interaction analysis: Foundations and practice. The journal of the learning sciences, 4(1), 39–103.

15 Kamoche, K., & Cunha, M. P. E. (2001). Minimal structures: From jazz improvisation to product innovation. Organization studies, 22(5), 733–764.

16 Marsick, V. J., & Watkins, K. E. (2003). Demonstrating the value of an organization's learning culture: The dimensions of the learning organization questionnaire. Advances in developing human resources, 5(2), 132–151.

17 Mintzberg, H., & McHugh, A. (1985). Strategy formation in an adhocracy. Administrative science quarterly, 160–197.

18 Nicolini, D. (2012). Practice theory, work and organization: An introduction. Oxford: University Press.

19 Nicolini, D., Gherardi, S., & Yanow, D. (Eds.). (2003). Knowing in organizations: A practice-based approach. Armonk, NY: M. E. Sharpe, Inc.

20 Paulus, P. B., & Nijstad, B. A. (Eds.). (2003). Group creativity: Innovation through collaboration. Oxford University Press.

21 Sawyer, R. K. (2001). Creating conversations: Improvisation in everyday discourse. Hampton, NJ: Hampton Press.

22 Sawyer, R. K. (2003). Creativity and development. Counterpoints: Cognition, Memo.

23 Sawyer, R. K., & DeZutter, S. (2009). Distributed creativity: How collective creations emerge from collaboration. Psychology of aesthetics, creativity, and the arts, 3(2), 81.

24 Schon, D. A. (1984). The reflective practitioner: How professionals think in action (Vol. 5126). Basic books.

25 Senge, P. (1990). The fifth discipline: The art and science of the learning organization. New York: Currency Doubleday.

26 Tuomi-Gröhn, T. & Engeström, Y. (2003). New perspectives on transfer and boundary crossing. Amsterdam: Pergamon.

27 Watkins, K. E., & Marsick, V. J. (1993). Sculpting the learning organization: Lessons in the art and science of systemic change. Jossey-Bass Inc., 350 Sansome Street, San Francisco, CA 94104-1310.

28 Weick, Karl, E. (1989). Organized improvisation: 20 years of organizing. Communication studies, 40, 241-248.

29 Wenger, E. (1998). Communities of practice. 손민호 · 배을규 (역), 실천공동체. 서울: 학지사.

30 김영춘. (2017). 사회적 네트워크 (Social Network) 조직연구의 동향. 인사조직연구, 25, 19-47.

31 김인호. (2007). 학습조직요인이 새로운 지식의 실무전이에 미치는 영향—근로자의 인지정도를 중심으로. 인적자원관리연구. 14(3), 51-67.

32 김찬중. (2012). 지식경영과 학습조직의 비교연구. 한국비즈니스리뷰, 5(2), 53-71.

33 손민호 & 조현영. (2014). 민속방법론. 서울: 학지사.

34 신동엽 & 정기원. (2016). 프랙티스 관점 전략이론 (Strategy As Practice) 의 전망과 과제: 전략연구에서 경제학기반 방법론적 개인주의의 극복가능성을 찾아서. 인사조직연구, 24, 119-164.

35 윤종록, 임아름, 손성곤. (2011). 중소기업의 학습조직 구축을 위한 경영컨설팅 전개방안에 관한 탐색적 연구. 경영컨설팅리뷰. 2(2), 1-26.

36 이무원. (2015). 조직학습이론(Organizational Learning Theory)의 과거, 현재, 그리고 미래. 인사조직연구, 23, 11-32.

37 이무원. (2016). 편집위원장 서언: 한국의 조직이론 연구 어떻게 나아갈 것인가? 인사조직연구, 24, 1-7.
38 이해영. (2007). 지식경영 전략으로서 조직학습의 가능성. 한국 HRD 연구, 2, 13-32.
39 천학도, 이정, 장영철. (2009). 학습조직과 조직학습역량. 조직경영개발연구, 2, 39-74.

6... 시뮬레이션 학습의 설계:

의과 대학 시뮬레이션 학습에서 학습자 경험

경험의 흐름을 어떻게 설계할 것인가

운동 학습(motor learning) 분야에서 '맥락 조건의 가변성'이라는 개념이 있다. 같은 움직임을 하더라도 시작하는 지점이 다르다면 다른 근육군과 근육 동원 순서가 작용한다는 의미다. 오른쪽 다리를 앞으로 뻗는 동작을 예로 들어보자. 서있는 상태에서 뻗는지, 두 다리를 구부린 상태에서 시작하는지, 팔을 머리 위로 들어 올린 상태에서 동작을 하는지, 혹은 몸을 기울인 상태에서 동작을 실시하는지에 따라 오른쪽 다리의 세부 근육에 미치는 영향이 달라진다.

발레의 예를 살펴보자. 발레에서는 정교한 동작과 자세가 요구된다. 다음 사진에서 나온 예는 머리가 앞으로 쏟아진 상태에서 머리 위치를 수정하지 않은 채 발레 동작을 배우게 되는 경우다. 이 때 턴이나 점프, 다리를 뻗는 자세에서 잘못된 머리 위치 때문에 신체의 다른 요소들은 불필요한 근육을 쓰게 되거나 정작 발달시켜야 하는 근육들을 퇴화시킬 수 있다. 따라서 발레 동작을 익히기 위하여 서로 다른 근육을 사용해 머리 위치를 교정해나가야 한다.

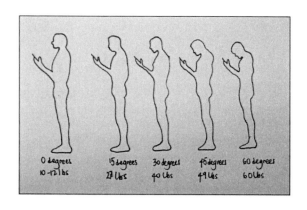

이러한 운동 학습의 과정은 비단 몸의 문제에만 국한되지 않는다. 서로 다른 배경 지식과 인지적 능력, 삶의 경험들을 가진 사람들에게 동일 조건에서의 학습은 동일한 결과를 가져다 줄 수 없다. 동일 조건에 놓인다는 것 자체가 애초에 불가능한 전제이기도 하지만, 동일한 선행 조건 상태가 된다고 해도 그 자체가 이미 그에 따른 노력이 동원된 상태일 것이기 때문이다. 결국 학습은 어떠한 과정에서도 동일한 결과를 가져다 줄 수 없다. 설사 동일한 결과라고 보이는 상태일지라도 실제 학습자의 경험은 미묘하게 다를 것이고 학습자가 경험한 성장과 변화의 방식에도 차이가 있을 것이다.

개인 맞춤형 학습에 대한 관심은 어떻게 서로 다른 조건의 학습자에게 최적화된 학습 상황을 만들어줄 것인가 하는 데 있다. 학습자 경험에 맞게 최적의 상황을 제공하는 것은 학습자 경험을 설계하는데 매우 중요한 요인이다. 특히 학습자 경험의 시계열적 흐름은 이러한 설계에서 최대 관심사라 할 수 있다. 예컨대, 교수진의 발화에 학습자가 떠올린 맥락이나 의미의 해석에 최적화된 코치의 다음 발화가 이어진다는 것은 일대 다수의 강의식 수업 상황에서는 결코 쉽지 않은 상황이다. 즉, 현재의 제시물(교사의 교수 행위, 지식 내용, 상황 등)이 어떻게 다음의 경험을 이끄는지 그리고 이전 경험이 어떻게 다음 경험의 형성에 영향을 미치는지 경험의 흐름을 최적화할 수 있는 조건을 제공하는 것은 성공적인 학습설계를 위한 핵심 관건이라 할 수 있다.

이러한 배경에서 일찍이 등장한 수업 설계모형 가운데 문제중심학습(Problem-Based Learning, 이하 PBL)은 이론과 실천이 분리되어 있는 교육과정에 대한 문제점을 극복하고자 하는 문제의식으로부터 도입되었다. PBL은 의과대학 학습자들을 중심으로 실제 맥락 중심의 학습을 고안하기 위하여 시작되었다. 여기서는 단순히 수업을 들으며 지식을 습득하는 것이 아니라 실제적으로 환자를 면밀히 분석하고 그에 적절한 처방을 내리면서 필요한 능력을 계발하는 방식, 처음부터 '의사'들이 다루는 과제의 형태로 수업을 시작하여 결과적으로 '의사처럼' 배우고 생각하고 행동할 수 있는 학습 맥락을 제공하는 것을 목표로 한다.

PBL이 도입되고 다양한 영역에서 학습자 중심의 참여형 교수학습 방법으로 활용되어 온 지 20여 년이 지난 현재 대다수의 연구들은 PBL의 설계 조건들이 적어도 강의식 수업보다는 학습의 실제적인 맥락을 제공하여 학습자들에게 동기를 부여하고 이를 통해 학습 효과를 높일 수 있을 것이라는 점에 대해서는 의심하지 않는다.

그런데 최근 상황주의 학습이론의 등장은 교수설계에서의 상황적 속성에 대한 새로운 해석을 제시한다. 기존의 문제해결과정에서 상황적 속성은 문제해결의 외재적 조건, 다시 말해서 상황적 변수로 다루어졌던 것에 반해 최근에는 이러한 상황적 속성을 문제해결의 내재성, 즉 문제해결과정 전반에 결정적 영향을 미치는 요건으로 보기 시작한 것이다. 상황주의 연구에서 인간의 인지는 유기체의 독립적인 인식과정이 아니라 인간이 처한 환경과 사회적 맥락과의 역동적인 산물이라고 보고, 학습은 실생활의 맥락에서 학습자의 주체적 경험으로 구성된 것이라고 다루기 시작했다.

학습이론의 이러한 패러다임적 전환은 학습과 지식에 대한 또 다른 접근을 요청한다. 이러한 접근에서 학습은 지식을 얼마나 동일하게 재생산시키는지에 관심을 두지 않는다. 오히려 학습자들의 학습 맥락이 얼마나 '실제 맥락'에 가까운지에 관심을 갖고 어떻게 그 설계가 가능한지에 주목한다.

이러한 관점에서 PBL 수업은 학습자들에게 문제해결에 필요한 도구적 지식을 확인함과 동시에 실제 문제해결에 필요한 문제해결력을 기르는 것을 목표로 한다는 점에서 맥락적 교수설계에 가깝다. 그럼에도 불구하고 이러한 교수방법이 지식중심의 탈맥락적 학습에서 벗어나 보다 더 강력한 동기화가 가능한 맥락적 학습방법으로 작동하기 위해서는 학습자들이 실제 경험하는 PBL 참여 과정을 면밀히 분석하고 비판적으로 이해할 필요가 있다. 이는 실제 맥락으로서 문제를 기반으로 학습에 접근하도록 하는 PBL 설계 취지에 가까운 설계, 즉 학습자에게 충분히 자기화된 지식을 생산하도록 하는 몰입된 학습경험을 제공하기 위한 설계방안을 모색하는 데 도움을 제공할 것이다.

관찰 상황과 자료의 수집

자료수집 기간은 20○○학년도 1학기 어느 의과대학의 'PBL Ⅱ' 교과목이 운영된 3월 3일부터 5월 27일까지 진행된 수업 기간이다. 모듈별 수업이 종료되는대로 녹화자료를 살펴보고 이 가운데 연구에서 연구문제로 상정한 것들을 풍부하게 보여줄 수 있는 그리고 분석이 가능한 것으로 판단되는 사례를 선정하였다. 선정된 사례는 전사와 관찰 기록을 통하여 정리하였다. 선정한 수업 사례의 개요는 다음과 같다.

> **수업의 개요**
>
> 의학과 4년 교육과정에서 1학년 2학기와 2학년 1학기에 'PBL I, II(각 2학점 구성)' 교과목을 운영하고 있다(2015학년도 기준). 학기마다 4개의 수업자료(임상적인 문제로 환자 사례를 의미, 이하 모듈)로 구성되어 있는데, 〈그림 1〉과 같이 1개의 모듈(module)을 3주 동안 진행한다.

〈그림 1〉 PBL 수업 흐름도

해당 수업은 특성상 소그룹 활동으로 진행되기 때문에, 1개의 조는 6~8명의 학습자들로 구성되어 있다(보통 가나다순 구성). 수업 장소는 A의대 건물 내 소그룹 토론실(PBL실)에서 진행된다. 〈그림 2〉와 같이 튜터(tutor) 역할을 하는 코치 1명, 학습자 6명(최대 8명까지 구성)이 함께 앉는다.

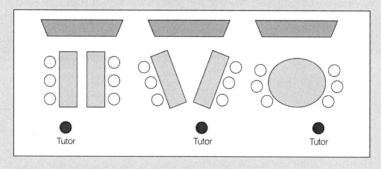

〈그림 2〉 PBL 교실의 배치도

분석에 활용한 첫 번째 만남에 해당하는 학습의 전개 과정상 주요 활동 내용은 다음과 같다.

① 소개

첫 번째 만남에서 튜터와 학습자들은 자신을 소개하는 시간을 갖는다. 소개 내용은 의학을 공부하는 이유, 향후 희망하는 의학의 활동 분야 등이며 이러한 소개 과정을 통하여 서로의 특징을 발견하고 개성을 존중하는 분위기를 조성하고자 한다. 다음으로 학습자들 중에서 사회자와 서기를 각각 1명씩 선발한다. 사회자의 역할을 맡은 학습자는 수업 시간을 이끌어 나가고, 서기의 역할을 맡은 학습자는 PBL실 내 화이트보드에 사실(fact) → 문제(problem) → 가설(hypothesis) → 더 알아야 할 것(need to know) → 학습 과제(learning issue) 순으로 학습자들이 함께 보면서 토론할 수 있도록 기술 및 정리하는 역할을 한다.

② 문제 제시

학습자들에게 배포되는 모듈은 잘 정의되지 않은 형태이며, 실제 환자의 사례에 관한 것으로 사전 지식이 없는 미지의 문제이다. 이렇듯 미지의 문제를 접하게 하는 이유는 학습자가 알고 있는 부분을 확인하고, 문제(상황)를 해결하기 위해 배우고 이해할 부분을 발견하며 나아가 이러한 상황이 의사로서 평생 동안 역할을 수행하게 될 실제 세계임을 깨닫도록 하기 위해서다. 여기에서 문제 상황은 진단명과 같은 정답을 요구하는 것이 아닌, 다양한 접근이 가능하도록 구성한다.

③ 단서 인식

학습자들은 협력학습을 통해 문제를 해결하는데 단서가 되는 중요한 정보를 함께 찾아내도록 되어 있다. 또한 문제에 대한 가설에 대해 기록하도록 한다. 또한 가설을 입증하기 위한 탐문의 과정에서 얻는 새로운 사실, 학습과제 및 계획 등도 기록하도록 하고 있다.

④ 추가자료 요청

모듈은 대략 1~3장으로 구성되기 때문에, 튜터는 학습자들의 토론 진행 상태에 맞추어 차례대로 배포한다.

연구 대상인 수업은 PBL 교육과정의 8번째(마지막) 모듈로 PBL 수업을 경험하는 학습자들에게는 수업의 방식에 있어서 비교적 익숙해진 상태라고 볼 수 있다. 수집한 사례는 연구를 위해 조작적으로 수행된 상황이 아닌, 의과대학 교육과정 상의 필요로 인하여 PBL실 내부에 설치된 카메라와 마이크로 실제 수업 장면을 녹화한 것이다. 연구자는 연구를 위해 튜터와 학습자들에게 자료 활용에 대한 동의를 얻어 해당 동영상 자료를 수집하였다. 녹화는 해당 PBL실 내부 상단에 위치한 카메라를 통해 전체 상황을 조망하는 구도로 진행되었다.

이 사례에서 학습자에게 제시한 모듈의 교육목표는 다음과 같다.

흉통과 호흡곤란을 주소로 한 환자에서 감별진단을 위해 병력 청취에서 필요한 사항을 이해하고 흉부의 이학적 검사를 통해 정상 소견과 이상 소견을 기술한다. 병력과 이학적 검사를 통해 가능한 진단을 유추하고 확진을 위해 필요한 검사를 이해한다.(출처: PBL CASE BANK)

전사 및 관찰 기록을 통해 수집한 자료는 수업 안에서 특정한 순간의 말과 행위가 어떻게 다음의 말과 행위를 유도해가는지 미시적으로 관찰 분석하였다. 이러한 분석의 목적은 학습자들 간 또는 학습자들과 튜터 간 매번의 행위의 주고받음이 갖는 독특한 차이를 통해 일상적이고 평범한 PBL 수업의 문제해결과정과 결과가 연쇄적으로 이루어지는 양상을 확인하고자 함이다. 이러한 접근 방식은 지극히 일상적인 장면이지만 관찰한 바를 상세히 기술하고, 각 장면에 중층화 되어 있는 의미들을 발견해나가는 방식으로 분석되었으며 이를 바탕으로 수업 설계의 함의점을 도출하고자 하였다.

민속방법론과 비디오 분석

참여자 경험에 대한 분석은 민속방법론을 활용했다. 민속방법론은 생활세계에 대한 관심에서 시작된 미시적 상황 분석 방법이다. 일상에서 우리가 경험하는 문제와 해결의 과정은 상황적 변수들과 함께 발생한다. 그러한 상황적 변수들은 특정한 상황이 가지고 있는 현장성이 반영된 변수들이다. 민속방법론에서는 어떤 일이 실제로 일어나는 방식에 관한 분석에 주안점을 둔다. 민속방법론에 따르면 어떤 일 또는 경험이란 그 일이 벌어지는 상황의 전개방식과 그 안에서의 참여자 경험의 흐름에서 그 성격이 결정된다.

민속방법론에서는 어떤 맥락에서 사람들이 취하는 상황적 추론과 실제적 행위를 자세히 관찰 해석함으로써 참여자의 경험에 대해 살펴볼 수 있다고 본다. 전후 맥락 안에서 나타나는 참여자의 반응과 행위 그리고 말의 사용은 참여자 경험을 들여다볼 수 있는 통로가 된다. 연구자가 그 상황에 함께 참여하는 동료인 것처럼 연구 참여자의 경험에 대해 접근해 들어갈 수 있다고 본 것이다. 분석을 위해 전통적인 문화기술지가 활용되기도 하고 텍스트를 분석하거나 각종 녹음 또는 녹화 기록 자료가 동원되기도 하는데, 가장 널리 쓰이는 방법 가운데 하나가 일상의 장면에서 일어난 대화 상황을 분석하는 방법이다.

여기서는 비디오 녹화 및 재생을 통해 프로그램 참여 경험에 대한 자료를 수집 분석하였다. 비디오 기반 분석은 맥락 분석을 위한 실증적 해석을 가능하게 하는 연구방법으로 활용되고 있다(Streeck, Goodwin, & LeBaron, 2011). 비디오 분석은 그 상황을 객관적으로 담고 있으며, 디테일한 현장의 행위와 상호작용의 다양성을 새로운 시공간에서 추론할 수 있기에 참여자 경험을 분석하는 데 유용한 방식이라 할 수 있다.

참여자의 경험이 프로그램의 의도대로 이루어지는지 아닌지 평가하기 위해서는 현장에서 일어나는 그들의 절차적이고 전략적인 지식들이 실제로 어떻게 일어나는지 그들의 대화와 행위를 상세히 들여다 볼 필요가 있다. 이는 기존의 질적 연구들이 종종 수행하는 인터뷰 분석의 방식과 다르게 실제 상황에서 벌어진 '것들'을 보다 자세하게 기술하도록 요청한다. 이러한 연구 방식은 상황을 이해함에 있어서 연구자나 참여자의 해석을 배제한 채로 일이 전개되는 '있는 그대로'에 관한 이해라는 냉담한 태도를 취한다. 즉, 대화의 내용 자체보다는 참여자의 실제적인 행위와 추론이 어떻게 작동하는지를 통해 참여자 경험을 들여다보는 것이다.

사례 분석

다음의 분석 상황은 'PBL Ⅱ' 교과목 내 마지막 모듈 진행으로 수업 장면은 '첫 번째 만남(1st Session)'에 해당한다. 장면의 흐름은 실제 수업의 진행을 따랐으며, 방대한 대화 자료 가운데 분석에 활용 가능하다고 판단되는 장면들을 선별하여 제시하였고, 생략된 부분은 요약하여 기술하였다. 수업의 장면은 분석 내용을 유목화하기 위하여 '사실(fact) & 문제(problem)', '가설(hypothesis)', '더 알아야 할 것(need to know) & 학습과제(learning issue)' 세 가지로 범주화하여 제시하였다. 관찰내용과 분석은 먼저 수업상황을 가급적 자세히 기술하고, 의미 있다고 간주되는 부분을 설명한 뒤, 그것을 해석한 내용을 제시하는 방식으로 이루어졌다.

사실(fact)과 문제(problem)

$\boxed{\text{모듈 1-1}}$

젊은 여자가 가슴이 아프고 숨이 가쁘다고 응급실로 내원하였다. 그녀는 내원 전날 잠을 자다가 갑자기 가슴이 아파서 잠을 깼으며 지금은 숨도 많이 가쁘다고 하였다. 통증은 처음보다 심하다고 하였다.(출처: PBL CASE BANK)

다음 $\boxed{\text{상황 1}}$ 에서는 첫 번째로 제시된 학습자료 $\boxed{\text{모듈 1-1}}$ 의 제시된 내용에서 "숨이 가쁘고 가슴이 아프다." 이외에 별다른 주요 증상을 찾을 수 없자, 튜터가 다음 자료 $\boxed{\text{모듈 1-2}}$ 를 제공한다. 그리고 학습자들은 사회자의 안내에 따라 사실과 제시된 그대로의 모든 상황 기록을 찾고 이 가운데 문제, 즉 제시된 상황 중에서 의학적 관점에서 탐구하고 생각, 설명해야 할 사항을 찾아간다.

[상황 1]

사회자: 자료를 받았으니까 .

　　　fact를 더 보충하기 위해서 1-2를 방OO(학습자②) 학우가 읽어보겠습니다.

학습자②: ([모듈1-2]를 읽는다.)

[모듈1-2]

　통증은 주로 움직일 때와 숨을 깊게 들이쉴 때 왼쪽 가슴이 아프고 지금은 어깨까지 결린다고 하였다. 움직일 때 숨이 찬 것도 시간이 지나면서 심해졌으며 지금은 숨이 가빠서 마치 죽을 것 같다고 하였다. 그녀는 내원 전까지 건강에 전혀 문제가 없었다고 하였고 현재 기침이나 가래, 각혈, 열감, 오한 등은 없다고 하였다. 병원에 오기 3일 전 왼쪽 다리가 부었다는 느낌이 있었으나 지금은 이상이 없다고 하였다. 그녀는 현재 28세이며 약 2년 전에 결혼을 하였고 결혼 전부터 컴퓨터 회사에서 웹디자이너로 일하고 있었다. 결혼 후에도 직장을 다녔으며 아이를 가질 여건이 되지 않아 경구피임약을 복용하고 있었다. 직장에서는 대부분의 시간을 책상에 앉아서 보낸다고 하였다. 흡연은 하지 않았고 가끔 술을 마시는 일은 있으나 많이 마시지는 않는다고 하였다.(출처: PBL CASE BANK)

　([모듈1-2]를 읽는 동안, 학습자들은 '웹디자이너' 부분에서 웃기도 하고, '경구피임약' 부분에서는 "아... 경구피임약"이라고 말하였으며, 학습자③은 가져온 책자를 뒤적이기도 한다.)

학습자④: 호르몬...

사회자: 어쨌든 fact부터 다시 추가하도록 하겠습니다. 일단 가슴 통증 제외하고 뭐지?

학습자②: referred pain(관련통)이 있는 것 같아. 어깨 왼쪽 가슴? 어깨까지 결림

사회자: 숨을 깊게 들이쉴 때도 통증을...

학습자③: (책자를 찾아보며) 움직일 때도.

학습자①: 왼쪽 가슴이요.

서기: 들이 마실 때? 내쉴 때?

학습자①: 비. 비. (breathing을 의미함)

학습자들: 들이 쉴 때.

학습자③: 비가 원인이 되는 pulmonary embolism(폐색전증)

    (학습자①과 학습자③은 손과 가슴을 사용하여 서로 얘기한다.)

학습자②: 그건 왜?

학습자③: (학습자②를 바라보며) 여기로 올라왔잖아.

    (학습자③은 학습자②에게 숨 쉬는 원리를 손과 가슴을 이용해 얘기한다.)

학습자②: 응 그래서 숨을 못 쉬어? 아...

사회자: 일단 fact부터... 3일 전에 왼쪽 다리가 부었다는 느낌

서기: (학습자③의 모듈지를 보며) history(병력)로 빼야 되나?

    (모듈 1-2 의 내용을 학습자들은 돌아가면서 집어나가고, 서기는 fact에 기록한다.)

사회자: 나는 1-1에서 바로 embolism(색전증) 같다고 의심한 게... 처음에는 아팠잖아.

아프고 나서 숨이 지금 이제 가쁘다고...

– 중략 –

서기: (화이트보드와 학습자들을 바라보며) 안 쓴 거 있어요?

학습자③: (화이트보드를 바라보며) 다 쓴 거 같아요.

사회자: 네. fact는 다 썼고, 여기서 problem을 한 번 찾아보겠습니다.

학습자①: CC

학습자④: (화이트보드를 바라보며) 거의 다인 것 같아.

학습자③: (화이트보드를 바라보며) 다 문제가 있어.

사회자: (화이트보드를 바라보며) CC(주요 증상)가 다 어깨 결림.

referred pain(관련통) 같고 그리고 3일 전 왼쪽 다리 부은 느낌도.

학습자④: (화이트보드를 바라보며) OC(경구피임약)도

학습자③: (화이트보드를 바라보며) 28세 여자랑 흡연 음주 안 하는 거 빼면

사회자: (화이트보드를 바라보며) 오래 앉아 있었다는 거.

그 다음에 그냥 3일 전에 왼쪽 다리가 부었던 느낌

학습자②: (화이트보드를 바라보며) 문제에 뭐지? 피임약 복용도 문제

사회자: 피임약 복용도 쓰고 (서기가 화이트보드에 problem을 기재한다.)

학습자③: 3일 전 (서기가 화이트보드에 problem을 기재한다.)

학습자①: 통증에 대해서도 기술해 주는 게

사회자: 흉통이라는 게 숨을 깊게 들이쉴 때 통증

[상황 1]의 대화 상황은 PBL의 학습과정에서 문제 제시와 단서를 인식하는 단계에 해당한다. 학습자들은 제시된 학습 자료에서 사실을 나열하고, 그 가운데 진단의 단서로서 문제를 선별하는 과정을 거친다. 위에 제시된 대화에서 확인할 수 있듯이, 사회자를 맡은 학습자는 대화과정에서 지속적으로 "어쨌든", "일단" 등과 같이 상황을 정리하는 듯한 발언을 통해 사실과 문제의 선별을 수업의 절차에 맞게 정리하도록 유도한다. 이러한 사회자의 발화는 학습자들이 모듈을 읽어 내려가는 동안 보이는 즉각적인 반응들을 수업의 절차에 맞게 정리하도록 하는 역할을 한다.

그런데 여기에서 사회자의 역할에 좀 더 주목할 필요가 있다. 사회자는 문제해결과정에서 학습자들의 동시다발적인 사고과정을 PBL의 절차에 맞도록 정리해나가고 있다. 예컨대, 학습자④는 모듈을 읽고 난 직후, '호르몬'이라는 말을 한다. 학습자③, 사회자도 마찬가지로 폐색전증, 색전증 등과 같은 진단명을 말하는 '동시에' 경구피임약 복용을 중요한 '문제(problem)'로 인식하고 있다. 여기에서 학습자③과 학습자④의 행위는 현재 진행 중인 PBL의 절차상 사실을 나열하고 문제를 선별해내는 과정보다 뒤이어 나와야 할 행위에 해당한다. 이후 문제에 해당하는 것들을 선별하고 있는 방식에서도 이러한 특징은 드러난다. 학습자들은 대화에서 '거의 다인 것 같다'고 말하는데, 사실상 이러한 추론이 가능한 것은 결과에 대한 예측이 있을 때 가능한 부분이다. 실제로 사회자의 경우 실제로 자신이 [모듈1-1]을 듣자마자 색전증을 의심하였다는 말을 하며 사고과정이 절차대로 일어나지 않는다는 사실을 직접적으로 언급하기도 한다.

학습자들이 보여준 PBL의 실제적 문제해결은 'fact → problem → hypothesis → need to know → learning issue → future action'의 순차적 절

차를 따르고 있지 않았다. 제시된 모듈을 읽어 내려가는 동안 학습자들은 사실과 문제를 명확히 구분하지 않은 채 동시적으로 문제해결의 단서들을 인식해가고 있었으며, 심지어 어렴풋한 결과로서 가설 설정 단계에서 도출해야 할 내용까지 예측하고 있는 듯 보였다. 그럼에도 불구하고 이 과정이 '문제설정'의 절차로 보여질 수 있는 것은 그것을 절차에 적합한 방식으로 정리하고 거기에 동조해주는 학생들의 대화의 방식에서 비롯된 것이라고 보아도 무리가 없어 보인다.

가설(hypothesis)

다음의 상황은 문제(problem) 선별 이후, 학습자들은 변이형 협심증, 심부정맥혈전증, 폐색전증 등의 가능성을 언급하며, 경구피임약이 위험 요인이 될 수 있다는 이야기를 한다. 그리고 제시된 가설을 서기는 화이트보드에 빠짐없이 적어 나간다. 서기는 학습자들에게 심부정맥혈전증에 의해 혈전이 문제가 될 수 있는 가능성을 추가로 제시하고, 학습자②는 극심한 심근경색증의 가능성을 이야기하기도 한다.

[상황 2]

사회자: 너무 나가는 것 같아서... 여기 다리에 3일 전에 통증이 있었다는 게
　　　　거기에 약간 혈류에 이상이 있었기 때문에 약간은... 뭐...

서기: 근데 이게 hypothesis니까... 좀 넓게?

사회자: 아...

튜터: 지금 hypothesis를 흉통 때문에 하는 거 아니에요?

학습자들: 네.

튜터: <u>그럼 뭐 쭉 여러 개 해도 되죠.</u>

서기: (화이트보드에 기재하며) 판막 이상에 의한 MI(심근경색증).

학습자②: 판막이상에 의한 embolism(색전증)이 생긴 거죠.

학습자③: (화이트보드를 가리키며) MI(심근경색증)가 아니고.

학습자②: (화이트보드를 바라보며) embolism(색전증)

학습자③: (화이트보드를 바라보며) pulmonary embolism(폐색전증)

학습자②: (화이트보드를 바라보며) 어.

　　　(서기는 학습자③의 얘기를 듣고 화이트보드에 적은 hypothesis
　　　를 수정한다.)

학습자⑤: 이 정도?

사회자: 더... 더 나올 것 없나요?

서기: 심근경색으로는 이런 증상이 안 나오나?

학습자③: (화이트보드를 가리키며) 여기 있잖아. acute(극심한) MI(심근경
　　　색증)

튜터: <u>좀 더 해봐도 될 것 같은데?</u>

학습자들: 아...

튜터: 너무 적게 나왔어.

학습자들: 음...

튜터: <u>(화이트보드를 바라보며) problem이 흉통인데 너무 적게 나오니까...</u>

학습자④: (화이트보드를 가리키며) fact에다가 아까 그 기침하고 가래가 다
　　　없었다는 것도 써 놓으면 써 놓고...

학습자③: 흉통... 그냥 가능성만 한다고 하면 근골격계 이상?

학습자②: 부부싸움에 의한 외상 같은? (학습자들이 웃는다.) history taking

(병력청취) 해야 해.

서기: 근데 시진(inspection) 때 나오지 않았을까요? 멍들었다던가... 이런 거?

학습자②: 안 써도 돼.

학습자①: (학습자들을 바라보며) 그럴 수도 있어 진짜... (웃으며) 모르는 일이야.

서기: (화이트보드를 바라보며) 써? (학습자들이 웃는다.)

학습자①: (서기를 바라보며 손을 젓는다.) 아니.

학습자들은 근골격계 이상, rib fracture(갈비뼈 골절), GERD(gestro esoph-asial reflux disease; 위-식도 역류질환) 등의 가능성을 언급하고 있으나, 제시된 자료의 여러 가지 정황들을 언급하며 실제로는 그 가능성이 낮을 것 같다고 이야기 한다. 따라서 이러한 내용을 모두 가설에 포함시킬 필요가 있을지에 대해 고민한다.

사회자: 물론 막 나열하라고 하면 다 나열할 수는 있지.

학습자②: 그럴 수 있지.

서기: (화이트보드를 가리키며) hypothesis에 이거 다 포함하는 거 아니야?

사회자: 네, 그거 맞아요.

서기: 더 자세히 쓸까?

사회자: 부러진 거? 부러진 거 이런 거?

서기: rib fracture(갈비뼈 골절)? 이렇게 써?

학습자②: 아니요.

학습자③: 그럼 너무 많아.

학습자⑤: 아, 근골격계 넣는거야?

튜터: 튜터 가이드에는 12개 정도가 연루되어 있습니다.

　　　근데 주로 esophageal spasm(식도 연축)이 들어가 있고...

학습자들: esophageal spasm(식도 연축)

튜터: 중요한 게 하나 들어가 있네. 꾀병이 들어가 있네.

학습자들: (웃으며) 아 꾀병.

학습자②: 일하기 싫어서.

학습자④: 설날 전일 수도 있어.

학습자⑤: (웃으며) 설날 전 (학습자들이 웃는다.) 명절증후군. 날짜가 중요
　　　하네...

학습자①: 12개.

상황 1 에서 나타나는 학습자들의 행동은 이어지는 상황 2 에서도 발견된다. 상황 2 는 사실과 문제를 정리하고 이를 바탕으로 다양한 가설을 설정하는 단계이다. 학습자들은 가설 설정 단계에 들어서자 떠오르는 대로 변이형 협심증, 심부정맥 혈전증, 폐색전증 등을 먼저 언급한다. 그리고 이러한 증상들의 원인으로 호르몬 제제인 경구피임약의 부작용 가능성을 언급한다. 그렇게 우선적으로 떠오른 가설에 대해 언급하고, 학습자들은 PBL 수업 절차를 의식하며 다른 가능성들에 대해서도 정리하자고 이야기한다. 예를 들어, 사회자가 몇 가지 증상들을 제시하며 진단 범위를 좁히려고 하자, 서기는 가설 설정의 단계니까 더 넓게 다루어보자고 제안한다. 이전 단계에서 사실과 문제를 정리하며 주요 증상을 찾고 진단의 윤곽을 상당 부분 그려낸 상태였다는 점에서 보았을 때, 학습자들의 이

러한 태도는 문제를 해결해나가기 위한 의식의 흐름을 따르기보다는 다소 교수 설계의 구조를 따르게 되는 모습이라고 해석할 수 있다.

이와 유사하게 튜터가 학습자들의 학습을 유도해가기 위해 제안하는 내용은 학습자들의 사고과정이 문제해결과정 자체에만 놓여있지 않다는 것을 잘 보여준다. 튜터는 학습자들의 가설설정 과정을 지켜보다가 "지금 hypothesis를 흉통 때문에 하는 거 아니에요?"라고 말한다. 튜터의 말은 이전 단계에서 학습자들이 흉통과 관련된 증상과 요인들을 선별하고, 그 관계성에 대해 논의를 마쳤음에도 불구하고 다시 학습자들에게 흉통에 관한 논의를 좀 더 진행하도록 유도하는 것이다. 그런데 앞서 대화에서 학습자들은 튜터의 말이 문제해결과 무관하더라도 흉통 그 자체에 대해 좀 더 학습하라는 의미로 받아들인다. 그것은 학습자들이 앞서 두 개의 모듈을 통해서 단순한 흉통이 아닌, 어깨 결림과 다리 부음 등의 증상을 동반한 흉통이라는 사실에 대해 인지하고 있음에도 불구하고 튜터의 의도를 파악하여 문제해결의 과정을 잠시 보류한 채 그러한 지시에 따르고자 하는 태도를 보이기 때문이다.

이후에도 튜터는 "너무 적게 나왔어", "튜터 가이드에는 12개가 연루되어 있습니다" 등과 같은 말을 하면서 학습자들에게 문제해결과정에서 학습하기를 바라는 내용들이 있음을 암시하는 말들을 한다. 이에 학습자들은 자신들의 사고의 흐름과 역행하는 교수 설계의 구조성을 따르기 위하여 의도적으로 혹은 다소 억지스럽게 관련 가능성을 찾게 된다. 학습자들은 "그냥 가능성만 한다고 하면", "물론 막 나열하라고 하면 다 나열할 수는 있지"라는 말로 문제해결과는 무관하지만 튜터의 지시 혹은 PBL 절차에 맞추기 위한 가능성들을 나열한다. 뿐만 아니라, '꾀병'과 '부부싸움에 의한 외상'이라는 말들을 농담처럼 주고받고 있는데, 이와 같은 학습자들의 태도는 이러한 가능성이 문제의 정답이 아닌 것을 알고 있지만 12개의 튜터 가이드를 따르기 위한 행동이라는 점을 더욱 잘 보여준다.

이러한 특징 역시 위에 제시한 [상황 2]를 넘어서는 수업 상황 전반에서 나타났다. 학습자들은 수업의 절차적 흐름과 무관하게 문제해결에 필요한 새로운 조건이 제시될 때마다 문제해결의 마지막으로서 문제의 해답을 염두하는 듯한 발언을 하였다. 이것은 학습자들의 의식의 흐름이 PBL 수업 절차와 일치하지 않는다는 것을 잘 보여준다. 즉, 튜터 혹은 튜터 가이드에서 제시하는 것으로서의 학습의 과정은 학습자들의 자연스러운 문제해결과정과는 일치하지 않는다는 사실을 알 수 있다.

더 알아야 할 것(need to know) & 학습과제(learning issue)

학습자들은 need to know(더 알아보아야 할 것, 사실과 문제점을 분석하고 가설과 연결하여 제시된 상황을 판단하는데, 자료가 부족하거나 제시된 사실에 대해 지식이 부족하여 더 알아보아야 전체 상황을 판단할 수 있는 내용)에 해당하는 검사로 전신 종양혈액질환 진단검사, 흉부 컴퓨터 단층촬영, X선 촬영, 일반 혈액 검사 등에 대하여 언급한다. 뿐만 아니라, 신체검사가 없었다는 사실과 과거력 등에 관한 정보가 부족하다는 의견을 제시하고, 튜터는 [모듈 1-3]을 제공한다.

[모듈 1-3]

환자는 약간 불안해 보였고 앉아 있는 상태에서도 숨이 가쁜 듯해 보였다. 키는 162cm 정도이고 몸무게는 약 55kg라고 하였다. 혈압은 125/80mmHg, 맥박

수는 110회/mim, 체온은 37.3(구강)이었고 호흡수는 분당 28회였으며 얕은 호흡을 하였다. 청색증은 없었으며 곤봉지도 관찰되지 않았고 늑간 근육의 함몰도 관찰되지 않았다. 흉부는 흡기 시 대칭적으로 팽창하였고 흉부에 상처가 있거나 종괴가 만져지지는 않았고 압통도 없었다. 청진 상 좌측 하부 폐야에 호흡음이 약간 감소되어 있었고 타진 상 탁음이 들렸다. 수포음이나 천명음, 마찰음 등은 들리지 않았다. 심장 청진 상 잡음은 들리지 않았고 제2심음이 항진되어 있는 듯한 소견이 있었다. 복부진찰에서 종괴는 없었으며 좌측하부에 경한 압통은 있었으나 반등(rebound) 압통은 없었다. 장음은 감소되어 있었다. 하지의 압통이나 부종은 관찰되지 않았고 움직임도 정상이었다. 어깨의 움직임은 정상이었고 관절의 압통도 관찰되지 않았다.(출처: PBL CASE BANK)

학습자④는 [모듈 1-3]을 읽고, 다른 학습자들은 밑줄을 그으며 보고 있다. 학습자④가 다 읽자 학습자들은 각각의 제시된 조건들을 사실(fact)과 문제(problem)로 구분 짓는다. 서기는 이 내용을 화이트보드에 적는 중, 화이트보드 자리가 부족하다며 눈에 띄는 사실만 적자고 한다. [상황 3]은 이어지는 장면 가운데 일부이다.

[상황 3]

학습자②: 청색증이랑 곤봉지가 언제 나타나?

학습자③: (책을 보며) 산소가 부족할 때.

학습자①: 곤봉지는 근데 오래되어야 해.

학습자⑤: 만성적인.

학습자①: 제2심음.

서기: 제2심음 뭐?

학습자③: 항진 등 경우에는 어떤 걸 의심할 수 있는지...

튜터: 제1심음과 제2심음 차이 이런 것들은 여러분들 쉽게 하나요?

사회자: 그냥 심음을 정리를 하고 따로 주제를 하죠.

학습자②: 같이 해요. 저거.

사회자: 심음에 대해 간단하게 정리를 하고.

　　　(학습자①, ②는 제1심음과 제2심음 차이에 대해 얘기한다.)

튜터: 나는 읽어봤는데 구분을 못 하겠더라고...

서기: 하나 더 하면 될 거 같아요.

학습자③: 장음 감소?

학습자①: 장음 왜 감소해?

학습자③: 이게 왜 감소지?

학습자④: 급성이라서 감소하지 않았을까? 아까 그 얘기하려다가 말았는데.

– 중략 –

튜터: (서기를 바라보며) 제가 볼 때는 충분해요.

서기: 사람 수만큼 나왔으니까.

사회자: 저산소 얘기 언뜻 나왔는데 어디 있지?

서기: 청색증 없고.

학습자③: 청색증, 곤봉지.

상황 3 에서 학습자들은 더 알아야 할 필요가 있는 내용을 학습과제 (learning issue)로 설정한다. 이 과정에서 튜터는 학습자들이 사실에 관하여 불명확해 하거나, 혼란스러워 하거나, 혹은 의견의 일치를 보이지 않을 때, 학습과제를 부과하기 위해 개입하기도 한다. [모듈 1-3]에서 제시된 환자의 상태는 상당히 구체적으로 관찰된 혹은 측정된 신체검사 결과들이다. 그것은 환자의 진술이 아닌 의사의 관찰과 검사결과들을 통해 도출되는 것들인데, 대체로 시각과 청각에 의존해야 하는 것들이다. 예를 들어, '청색증'과 '곤봉지'에서 청색증의 의학적 정의를 살펴보면 다음과 같다.

청색증은 피부와 점막이 푸른색을 나타내는 것으로 해당 부위의 작은 혈관에 환원혈색소(reduced hemoglobin)가 증가하거나 산소 포화도가 떨어져서 나타난다. 입술, 손톱, 귀, 광대 부위에 흔히 나타나며 적혈구 증가증이나 일산화탄소 헤모글로빈에 의한 피부 변화와는 구분되어야 한다. 청색증의 정도는 피부의 색깔 및 두께, 혈관분포의 정도에 따라 차이가 나므로 이 증상의 유무와 정도를 정확하게 발견하는 것은 어려운데, 대개 환원혈색소가 4~5g/dl 이상이거나 산소 포화도가 83% 이하일 때 관찰된다.(출처: 서울대학교병원 N의학정보)

위의 정의에 따르면 청색증의 정도는 피부의 색깔 및 두께, 혈관분포의 정도에 따라 차이가 나기 때문에 증상을 정확하게 발견하는 것은 어렵다고 되어 있다. 따라서 실제로 청색증이 나타났는지를 판단하는 것은 매우 어렵지만 학습자들은 모듈지에 제시된 결과를 통해 학습과제를 정하는데 집중할 뿐, 청색증과 곤봉지를 어떻게 판단해 낼 것인지에 관한 부분에는 별다른 관심을 보이지 않는다.

이것은 '제1심음'과 '제2심음', '장음 감소'에 관한 청진 방식에 대한 부분도 마찬가지이다. 이것은 모듈지의 다른 정보들을 통해서도 확인할 수 있는데, 모듈지에는 '늑간 근육의 함몰', '호흡음이 약간 감소', '타진 상탁음', '수포음, 천명음, 마찰음' 등과 같이 실제 감각적으로 인지하고 감별하는 것 자체가 더욱 중요한 실제적 진단의 과정까지도 단순히 텍스트적으로 제시하고 있다. 그럼에도 불구하고 학습자들은 PBL의 절차적 단계에 집중하는 방식으로 인하여, 각각이 어떠한 상태로 드러나는지에 대한 광범위한 관심보다는 학습의 절차로서 학습과제를 도출해내기 위한 정보들을 선택적으로 취하고 있다.

마지막에 학습과제를 도출해내는 방식은 학습자들에게 문제해결의 맥락이 의미하는 바가 무엇인지를 잘 보여준다. 튜터는 학습과제가 충분히 도출되었다고 말한다. 여기에 서기는 "사람 수만큼 나왔으니까"라는 발언을 하는데, 학습과제의 '충분한' 정도가 학습자 수만큼의 개수라는 것은 학습자들에게 PBL에서의 문제해결이 학습과정으로서의 맥락이라는 점을 잘 보여준다. 이것은 PBL 수업의 경험이 쌓이면서 가장 효율적인 문제해결의 방식을 파악한 결과일 것이며, 여기에 맞춰 학습자들은 필요한 행위를 선택적으로 결정하고 있는 것으로 보여진다.

학습자 경험 분석과 PBL 프로그램 설계

PBL은 학습자가 중심이 되어 학습에 참여하는 참여형 수업의 한 가지 형태로, 학습자 스스로 문제 상황을 해결하도록 하는 맥락 설계의 대표 모형이다. PBL 수업은 학습자가 주도적으로 학습할 수 있는 능력을 함양시키고, 소그룹 활동 내에서 협력학습을 통하여 임상적 논리 전개 능력 및 의사소통 기술을 향상시키는 것을 목적으로 한다. 지난 20년간 PBL에 관한 다양한 연구 시도에도 불구하고 문제해결과정에서의 학습자 경험에 대한 충분한 설명과 이해는 부족한 실정이었다.

이 사례 분석에서는 의대 PBL 프로그램에 참여한 학습자가 보여준 경험의 흐름은 프로그램 설계에 몇 가지 의미를 던진다.

첫째, 학습자들의 문제 인식 방법이다.

주어진 사례의 문제 인식 과정을 보면 학습자들은 문제해결의 절차를 순차적으로 따르지 않는다. 오히려 문제의 인식과 해결이 동시적으로 일어나는 비순차적인 모습을 보인다. 이러한 특징은 앞서 분석한 몇 가지 상황들에서 발견할 수 있었다. 학습자들이 보여준 PBL의 실제적 문제해결은 PBL의 절차인 'fact → problem → hypothesis → need to know → learning issue → future action'의 순서를 따르고 있지 않았다. 제시된 학습 자료를 읽어 내려가는 동안 학습자들은 그와 동시에 사실(fact)과 문제(problem)를 명확히 구분하지 않은 채 문제해결의 단서들을 지적해나갔다. 또한 가설(hypothesis) 설정 단계에서 도출해야 할 내용까지도 처음부터 어렴풋하게나마 예측하고 있는 행위를 보였다. 학습자들이 보여준 문제 인식과 가설 설정의 동시성은 학습이 정보의 처리가 아닌 이미 주어진 정보의 재구조화를 통해 성취되고 있다는 점을 말해준다. 이러한 실제 프로세스를 도식화하면 다음과 같다.

학습자들이 문제인식을 하는 방식의 또 다른 특성은 그들에게 문제란 평가에 필요한 정보들을 수집하는 과정이었다. 상황 3 에서 제시된 증상들, 예컨대 청색증, 곤봉지, 제1, 2심음, 잡음 등을 문제해결의 도구로 활용하는 과정에서 학습자들은 해당 정보를 선택적으로 활용한다. 실제 진료 상황이라면 해당 정보들은 텍스트적인 정보를 넘어서 감각적 인지의 대상으로 다루어질 것이다. 그러나 학습자들에게 해당 정보들은 진료보다는 수업상황에서 문제해결을 위한 관심의 대상일 뿐이었다. 결국 실제 학습자 경험은 PBL 설계 취지와 일정 부분의 괴리를 보여준다.

둘째, 학습자들이 문제를 해결하는 방법이다.

학습자들에게 문제해결이란 실제 의료에서 진단과 처방이라는 '의사들의 문제해결'과는 달리 튜터와 동료 학습자들과의 상호작용을 통해 문제의 답을 구하는 '수업에서의 문제해결'에 가깝다. 수업에서 사회자와 튜터의 행위 방식은 진료 상황에서의 문제해결과 PBL의 문제해결이 다를 수밖에 없다는 사실을 드러내는 결정적인 역할을 한다. 학습자들은 끊임없이 PBL이 제시하는 상황의 흐름대로 운신해야만 한다. 따라서 학습자들의 추론과 사고의 흐름은 자연스럽지 못하고 사회자와 튜터에 의해 역행하거나 제자리걸음하게 된다. 그럼에도 불구하고 어느 누구도 수업 현장의 질서를 방해하거나 이탈하지 않는다. 오히려 프로그램의 진행 순서에 따라 적절히 대처하면서 PBL의 절차와 방식을 따르기 위해 상호 협력한다. 학습자들의 문제해결은 PBL의 취지에 맞도록 자신들의 전략을 재구조화시키는 과제수행 성격을 보여준다. 의학 지식을 적용하고 과제를 수행하고 있는 동시에 학습자들은 PBL의 문제해결 방식에 대응하여 자신들의 사고와 행위를 재조직하는 전략을 익히고 있었다.

　학습자들은 제한된 문제해결의 맥락에서 나름의 효율적인 방식으로 대응해 나갔다. 이러한 해석의 관점은 학습자들이 PBL의 본래 의도와 달리 절차와 방식만을 따른다고 지적하기 위함이 아니다. 오히려 교육 상황이라는 제한된 맥락을 어떻게 극복하며 해당 문제의 답을 찾아나가고 있는지를 보여주기 위함이다. 가령, 학습자들은 절차를 준수하는 듯 보이지만, 문제해결이 전개되는 실제 문제풀이 과정은 제시된 상황에서와 같이 동시적이거나 순환적이고 때론 반복적이며 비선형적 특성을 보인다. 뿐만 아니라, 수업의 전개 과정에서 불필요하다고 여겨지는 부분은 생략하거나 간소화하기도 하고, 중요하다고 여겨지는 부분은 반복적으로 언급하기도 하면서 프로그램의 마지막 단계에 이르게 된다. 그러한 행위의 방식은 자연스럽게 물 흐르듯 이어져 어떠한 규칙이나 질서에 의한 절차적 행위라기보다는 일상적 상황을 둘러싸고 전개되는 합리적인 상호작용 방식으로 보여진다. 그럼에도 불구하고 수업의 과정이 설계의 취지대로 절차를 준수하고 전개되는 것으로 여겨지는 것은, 그조차도 PBL의 설계원리에 따라 상황을 이해하고자 주변적이라 여겨지는 일상적 측면을 축소하여 이해하는 학습자들의 맥락적 재해석이 부단하게 일어나고 있었기 때문이라고 평가할 수 있는 것이다.

　지금까지 살펴본 PBL의 문제해결과정은 의사들의 문제해결이라는 거시적 차원의 맥락이 조건화된 설계라고 보기 어렵다. 그렇지만 실제 문제해결과정에서 학습자들에게 영향을 끼치는 맥락이란 그보다 훨씬 미시적인 일상적 차원의 맥락의 흐름이라는 점에서는 결코 의사들의 문제해결과정과 다르지 않다. 그럼에도 불구하고 이러한 관찰 분석 결과를 PBL수업 설계를 좀 더 실제적 맥락에 가깝도록 설계하기 위해서는 다음의 두 가지 제언이 가능할 것이다. 먼저 PBL의 수업 절차는 현재의 선형적 흐름에서 보다 유연함을 고려하여 재구조화할 필요가 있다. 학습자들의 자연스러운 의식의 흐름에 따라 순환적 또는 반복적 토론과 의견 교환이 가능하도록 수업 설계에서 사실(fact), 문제(problem), 가설(hypothesis)의 절차를 통합적으로 운영할 필요가 있다. 문제해결과정에서 학습자들에게 제공되는 정보는 기술공학적 접목을 통하여 다차원적으로 제공될 필요가 있다. 예컨대, 제시되는 환자 증상은 텍스트 이외의 시청각적 자료의 보완을 통하여 학습자에게 보다 다양한 맥락적 정보의 제공으로 나아갈 필요가 있다. 이렇게 보완된 정보의 제공은 보다 실재감 있는 학습 경험을 지원할 수 있도록 해줄 것이다.

■ 참고문헌

1 강명희, 강주현, 최형신, 엄소연(2008). 의학 PBL(Problem-Based Learning)에서 학습자가 평가한 튜터의 역할이 상호작용 및 학습결과에 미치는 영향. 교육과학연구, 39(3), 1-25.
[Kang, M. H., Kang, J. H., Choi, H. S., & Um, S. Y.(2008). The effects of learners' perceived poles of a tutor on interactions and learning outcomes of problem-based learning in medical education. *Journal of educational studies*, 39(3), 1-25.]

2 김선(2003). 의학교육에서 사고력 증진 교수방법-문제바탕학습을 중심으로-. 영재와 영재교육, 2(2), 49-63.
[Kim, S.(2003). Teaching methods of thinking in medical education-focusing on problem based learning-. *The Journal of International Association for the Gifted and Talented*, 2(2), 49-63]

3 김주자, 이경재, 원종호, 이동환, 안의태(2002). 순천향의대에서 문제중심학습의 실행 및 평가. 순천향의대논문집, 8(1), 39-47.
[Kim, J. J., Lee, K. J., Won, J. H., Lee, D. H., & Ahn, E. T.(2002). PBL practice and it's evaluation in Soonchunhyang medical school. *Journal of Soonchunhyang Medical Science*, 8(1), 39-47.]

4 김주희, 김지영, 손희정, 최윤호, 홍경표, 안병헌, 엄대용, 진영은, 서정돈(2004). 학습자반응으로 살펴본 문제바탕학습 교육과정의 질적 평가. 한국의학교육, 16(2), 179-193.
[Kim, J. H., Kim, J. Y., Son, H. J., Choi, Y. H., Hong, K. P., Ahn, B. H., Uhm, D. Y., Chin, Y. E., & Seo, J. D.(2004). A qualitative evaluation of problem-based learning curriculum by students perceptions. *Korean journal of medical education*, 16(2), 179-193.]

5 문웅열(2011). 인지적 정보처리이론을 응용한 고전소설 기본 학습 요소 교수 학습 방안. 석사학위논문. 경북대학교.
[Moon, W. Y.(2011). Teaching-Learning method of basic learning elements of classical novels based on cognitive information-processing theory. Unpublished master's dissertation. Kyungpook National University.]

6 박민정(2010). 의학교육과정에서 PBL 수업의 적용 효과 연구: 수업후기와 자기평가 및 수업과정 평가지를 중심으로. 교육과정연구, 28(2), 225-253.
[Park, M. J.(2010). An evaluation on the implementation of problem-based learning in medical education. *Journal of Curriculum Studies*, 28(2), 225-253.]

7 박은희, 박재호, 박영남(2000). 계명대학교 의과대학에서의 문제중심학습 시행 경험. 한국의학교육, 24(2), 261-270.
[Park, E. H., Park, J. H., & Park, Y. N.(2000). The experience of problem-based learning in Keimyung University college of medicine. *Korean Journal of Medical Education*, 24(2), 261-270.]

8 손민호, 조현영(2014). 민속방법론. 서울: 학지사.

[Shon, M. H. & Cho, H. Y.(2014). *Ethnomethodology*. Seoul: Hakjisa.]

9 장봉현, 이유철, 김보완, 강덕식, 곽연식, 강이철, 서강석, 김인겸, 이종명, 정성훈, 김종열, 김인산, 김형진(2001). 경북대학교 의과대학의 문제중심학습 시행과 그 평가. 한국의학교육, 13(1), 91-105.

[Chang, B. H., Lee, Y. C., Kim, B. W., Kang, D. S., Kwak, Y. S., Kang, E. C., Seo, G. S., Kim, I. K., Lee, J. M., Jeong, S. H., Kim, J. Y., Kim, I. S., & Kim, H. J.(2001). The implementation of problem-based learning in Kyungpook National University school of medicine and its evaluation. *Korean Journal of Medical Education*, 13(1), 91-105.]

10 정인원, 신철진, 한헌석, 송영진(1999). 충북대학교 의과대학에서의 문제중심학습의 실행 및 평가. 한국의학교육, 11(2), 285-295.

[Chung, I. W., Shin, C. J., Han, H. S., & Song, Y. J.(1999). The practice and evaluation of problem-based learning in college of medicine, Chungbuk National University. *Korean Journal of Medical Education*, 11(2), 285-295.]

11 조연순(2006). 문제중심학습의 이론과 실제. 서울: 학지사.

[Cho, Y. S.(2006). *Theory & Practice of PBL*. Seoul: Hakjisa.]

12 조현영, 손민호(2015). 상황주의 교수설계론: 실천의 관점에서의 재고. 교육과정연구, 33(4), 201-226.

[Cho, H. Y., & Shon, M. H.(2015). When learning by practice could be situated learning : exploring implications for contextual instructional design. *The Journal of Curriculum Studies*, 33(4), 201-226.]

13 최유현(2011). 실과 교육학 연구. 서울: 형설출판사.

[Choi, Y. H.(2011). *Studies in the practical arts education*. Seoul: Hyungseul.]

14 허예래(2000). 문제중심학습법 활용 교수전략에 관한 연구. 석사학위논문. 연세대학교.

[Hur, Y. R.(2000). A study on teaching strategy of problem-based learning. Unpublished master's dissertation. Yonsei University.]

15 허예라, 김선(2002). 문제중심학습 과정에서의 교수-학습의 전략. 한국의학교육, 14(2), 145-156.

[Hur, Y. R., & Kim, S.(2002). Teaching and Learning strategies of PBL. *Korean Journal of Medical Education*, 14(2), 145-156.]

16 Albanese, M. A., & Mitchell, S.(1993). Problem-based learning: a review of literature on its outcomes and implementation issues. *Academic Medicine*, 68(1), 52-81.

17 Barrows, H. S.(1985). *How to design a problem-based curriculum for the preclinical years*. Springer Pub Co.

18 Barrows, H. S.(1998). The essentials of problem-based learning. *Journal of Dental Education*, 62, 630-633.

19 Brown, J., Collins, A., & Duguid, P.(1989). Situated cognition and the culture of learning. *Education Researcher*, 18(1), 32-42.

20 Button, G.(2008). Against distributed cognition. *Theory, culture & society*, 25(2), 87–104.

21 Coulter, J.(2008). *Twenty five theses against Cognitivism*, Theory, culture & society, 25(2), 19–32.

22 Donner, S., & Bickley, H.(1993) *Problem–based learning in American medical education: an overview*. Bulletin of Medical Library Association, 81, 294–298.

23 Eggen, P. D., & Kauchak, D. P.(2001). *Strategies for teachers: teaching content and thinking skill*, Needham Heights, MA: Allyn and Bacon.

24 Heath, C., Hindmarsh, J., & Luff, P.(2010). *Video in qualitative research*. Sage Publications.

25 Lave, J.(1988). *Cognition in practice–mind, mathematics and culture in everyday life*. Cambridge: Cambridge University Press.

26 Lynch, M.(2011). Ad hoc special section on ethnomethodological studies of science, mathematics, and technical activity: Introduction. *Social Studies of Science*, 41(6), 835–837.

27 Marshall, J. G., Fitzgerald, D., Busby, L., & Heaton, G.(1993). A study of library use in problem–based and traditional medical curricula. *Bulletin of Medical Library Association*, 81, 299–305.

28 Norman, G. R., & Schmidt, H. G.(1992). The psychological basis of problem–based learning: a review of the evidence. *Academic Medicine*, 67, 557–565.

29 Resnick, L. B.(1988). Treating mathematics as an ill–structured discipline. In R. I. Charles & E. A. Silver (Eds.), *The teaching and assessing of mathematical problem solving*. Hillsdale, NJ: Lawrence Erlbaum Associates.

30 Savery, J. R.(2009). Problem–based approach to instruction. In C. M. Reigeluth & A.A.Carr–Chellman(Eds.), *Instructional–Design Theories and Models: Building a Common Knowledge Base*, New York: Routledge. 143–165.

31 Schiftner, D.(1996). *A constructivist perspective on teaching and learning arithmetics*. Phi Delta Kappa, March.

32 Streeck, J., Goodwin, C., & LeBaron, C. (Eds.)(2011). *Embodied interaction: language and body in the material world*, Cambridge University Press.

33 Stivers, T., Mondada, L., & Steensig, J. (eds.)(2011). *The morality of knowledge in conversation*. Cambridge: Cambridge University Press.

34 Suchman, L. A.(1987). *Plans and situated actions: the problem of human–machine communication*. Cambridge university press.

35 Vernon, D. T. A., & Blake, R. L.(1993). Does problem–based learning work? a meta analysis of evaluative research. *Academic medicine*, 68, 550–563.

36 Walton, H. J., & Mathews, M. B.(1989). Essentials of Problem–based learning. *Medica Education*, 23, 542–558.

37 PBL CASE BANK(2004, April 1). PCB style for electronic resource. http://pblbank.knu.ac.kr/index.html에서 2017. 4. 3 검색

38 Seoul National University Hospital(2017, July 20). SNUH style for electronic resource. http://www.snuh.org/health/nMedInfo에서 2018. 6. 14 검색

찾아보기

저자약력

조현영

인하대학교 교육대학원 조교수
현상학과 미시사회학을 기반으로 한 질적 연구를 바탕으로 배움이란 무엇인가에 대하여
고민하고 있다. 최근에는 이러한 고민을 학교 교육과정에 적용하기 위한 관심으로서 교육
과정 리터러시를 바탕으로 한 진로교육의 방법과 수업과 평가 혁신에 관한 연구를 진행하
고 있다. 대표 저서로는 〈민속방법론〉과 〈컨텍스트 분석과 학습의 디자인〉이 있다.

관찰의 현상학 -생활세계를 포착하기 위한 질적연구방법-

초판발행	2019년 3월 15일
지은이	조현영
펴낸이	노 현
편 집	배근하
기획/마케팅	이선경
표지디자인	이미연
제 작	우인도·고철민
펴낸곳	㈜ 피와이메이트
	서울특별시 금천구 가산디지털2로 53 한라시그마밸리 210호(가산동)
	등록 2014. 2. 12. 제2018-000080호
전 화	02)733-6771
f a x	02)736-4818
e-mail	pys@pybook.co.kr
homepage	www.pybook.co.kr
ISBN	979-11-89643-91-1 93370

copyright©조현영, 2019, Printed in Korea

* 잘못된 책은 바꿔드립니다. 본서의 무단복제행위를 금합니다.
* 저자와 협의하여 인지첩부를 생략합니다.

정 가   15,000원

박영스토리는 박영사와 함께 하는 브랜드입니다.